Knaur.

Knaur.

In der Verlagsgruppe Droemer Knaur sind bereits folgende Bücher von Werner Tiki Küstenmacher erschienen:
simplify your life. Einfacher und glücklicher leben
simplify your love. Gemeinsam einfacher und glücklicher leben
simplify your life. Endlich mehr Zeit haben
simplify your life. Den Arbeitsalltag gelassen meistern
simplify your life. Küche, Keller, Kleiderschrank entspannt im Griff
Love your life! 100 Gründe, warum es sich lohnt zu leben
Die 3-Minuten-Bibel
biblify your life. Erfüllter und bewusster leben

Die Autoren:
Werner Tiki Küstenmacher, evangelischer Pfarrer, arbeitet seit 1990 als freiberuflicher Karikaturist und Autor. Er hat bereits über 50 Bücher veröffentlicht. Seine Frau Marion und er sind Chefredakteure des monatlich erscheinenden Beratungsdienstes simplify your life®.
www.simplify.de

Marion und
Werner Tiki Küstenmacher

simplify
your life

Mit Kindern
einfacher und glücklicher leben

mit Karikaturen von
Werner Tiki Küstenmacher

Knaur Taschenbuch Verlag

simplify your life® ist eine eingetragene Marke der
VNR Verlag für die Deutsche Wirtschaft AG, Bonn.

Besuchen Sie uns im Internet:
www.knaur.de

Vollständige Taschenbuchausgabe Dezember 2011
Knaur Taschenbuch
Ein Unternehmen der Droemerschen Verlagsanstalt
Th. Knaur Nachf. GmbH & Co. KG, München
Copyright © 2004 Campus Verlag GmbH, Frankfurt am Main
Alle Rechte vorbehalten. Das Werk darf – auch teilweise – nur
mit Genehmigung des Verlags wiedergegeben werden.
Umschlaggestaltung: ZERO Werbeagentur, München
Umschlagabbildung: Werner Tiki Küstenmacher
Druck und Bindung: CPI – Clausen & Bosse, Leck
Printed in Germany
ISBN 978-3-426-78456-3

2 4 5 3 1

Inhalt

Vorwort 7

Das Geheimnis entspannter Eltern 10

Seien Sie dankbar 10

Babys und Kleinkinder 22

Schlafen Sie sich aus 23
Geben Sie Ihrem Partner Vorrang 24
Lassen Sie sich helfen 26
Streichen Sie das Wort »Rabenmutter« . . 28

Kinder im Kindergartenalter 31

Vereinfachen Sie den Muttertag 31
Die tägliche Routine 33
Aufräumen und Ordnung halten 42
Ohne Angst einschlafen 50

Einkaufen gehen mit kleinen Kindern . . 52
Vereinfachen Sie den Kindergeburtstag . 54

Schulkinder 57

Machen Sie Ihrem Kind
das Leben leichter 57
Wie Ihr Kind die richtigen
Freunde gewinnt 68
Sicherheitstraining für Kinder 72
Vereinfachen Sie das Haustier 78
Vereinfachen Sie die Schule 83
Kinder und Handys 98

Familienleben (für Kinder jeden Alters) . 100

Vereinfachen Sie die Kommunikation . . 103
Entschärfen Sie Familienkonflikte 107
Vereinfachen Sie Ihren Familienurlaub . 112
Wenn Kinder krank werden 123
Regeln für die Patchwork-Familie 124

Vertrauen Sie der Einfachheit 129

Vorwort

Wie genervt und gestresst wir Eltern auch manchmal sein mögen – der größte Reichtum in unserem Leben sind doch unsere Kinder. Wir alle leben, weil unsere Eltern ebenso gedacht und uns großzügigerweise in die Welt gesetzt haben. Auf diesem einfachen Gedanken, dem simplify-Grundgedanken schlechthin, beruht unser Leben.

Es gibt Phasen im Leben, in denen simplify your life nicht funktioniert, denn diese Zeiten sind von Natur aus kompliziert und in ihren Grundzügen nicht veränderbar. Wenn Sie ein kleines Kind haben, leben Sie in einem solchen Abschnitt. Ein Kind hat immer Priorität, da helfen weder Zeitmanagement noch Zielvereinbarungen oder Selbstorganisation. Wenn Sie mehrere kleinere Kinder haben, wird es noch komplizierter. Es ist auch nicht einmal sicher, dass die Kompliziertheit des Lebens mit dem Alter Ihrer Kinder abnimmt. Größere Kinder beanspruchen ihre Eltern zwar nicht mehr jede einzelne Minute, aber dafür kann die Art der Sorgen um so schwerwiegender werden.

Wir selbst leben seit 21 Jahren in dieser komplizierten Lebensphase, weil sich die Geburten unserer Kinder – die jetzt 21, 18 und 6 Jahre alt sind – über einen Zeitraum von 15 Jahren verteilt haben. Da uns diese Phase schlichtweg zu lang wurde, haben wir begonnen, Mittel zu ihrer Vereinfachung zu sammeln. So ist das Thema zu unserem Spezialgebiet geworden. Wir haben das Vereinfachen in sehr kleinen, oft mühsamen Schritten gelernt. Wir sind überzeugt: Mithilfe unserer Erfahrungen werden Sie es sicher schneller schaffen.

Wir sprechen in diesem Buch oft von »Kindern« – wohl wissend, dass viele von Ihnen nur ein Kind haben. Jedes Mal akribisch zwischen Singular und Plural zu unterschieden (»Erklären Sie Ihrem Kind/Ihren Kindern«), hätte uns das Schreiben und Ihnen das Lesen nur unnötig erschwert. Deshalb bitten wir Sie um Verständnis, dass wir die Mehrkindfamilien sprachlich bevorzugen. Nehmen Sie die Mehrzahl einfach als eine Art weit ausgreifender Handbewegung, die nicht nur Ihr Kind, sondern alle Kinder überhaupt meint.

Alle simplify-Bücher basieren auf dem Büfet-Prinzip: Bitte essen Sie nicht alles, was auf dem Tisch steht, sondern nehmen Sie nur das, was Sie anlacht. Setzen Sie nur die Tipps um, die Ihnen spontan einleuchten. Wie bei einem guten Büffet ist für jede und jeden etwas dabei. Haben Sie Geduld, die eine oder andere Methode, die wir Ihnen vorstellen, funktioniert erst nach einiger Zeit. Lassen Sie sich von uns deshalb vor allem anregen zum Experimentieren, zum Entwickeln eigener Wege und zum Verlassen der ausgetretenen Pfade. Selbst wenn Sie nur ein oder zwei Bereiche vereinfachen können, wird das Ihre Lebensqualität enorm verbessern und Ihnen mehr Zeit schenken, die Sie mit Ihren Kindern verbringen können. Ihr Familienleben wird einfacher und fröhlicher werden – so, wie es eigentlich von Anfang an gedacht war.

Marion und Werner Tiki Küstenmacher

Das Geheimnis entspannter Eltern

Seien Sie dankbar

simplify beginnt im Kopf und im Herz. Es sind einige wenige einfache Gedanken und Grundgefühle, durch die sich gelassene Eltern von genervten unterscheiden. Betrachten Sie die folgende Aufzählung als Ihre geistige Grundausrüstung, die Sie stets in sich tragen. In besonders belasteten Zeiten vergessen Sie sie zuweilen vielleicht. Gewöhnen Sie sich an, in solchen Augenblicken nach dieser Liste zu greifen, so wie Sie bei einem Notfall im Medizinschrank nach einer Arznei oder einem Pflaster suchen.

Wer ein Kind hat, ist reich. Diesen Satz sollten Sie sich in großen Lettern über die Tür des Kinderzimmers schreiben, auf den

Ordner mit den Bankschulden und in Gedanken über alle Medienberichte zum Thema »Wir können uns keine Kinder leisten«. Wenn Sie die Geschichte der Menschheit betrachten, gehören materieller Besitz und Geld zu den ausgesprochen späten Errungenschaften. Das gute Gefühl, sinnvoll gelebt zu haben und innerlich reich zu sein, entsteht am sichersten durch ein oder mehrere Kinder – unabhängig davon, ob die Eltern verheiratet sind, ohne Trauschein zusammenleben oder getrennte Wege gehen.

Seien Sie langweilig Es gibt wunderbare Supereltern, die ständig spannende und schöne Sachen mit ihren Kindern veranstalten. Solche Eltern sind besonders überlastet und ihre Kinder in einer seltsamen Weise auch. Wenn Sie sich hier wiedererkennen, beherzigen Sie den folgenden simplify-Grundsatz: Seien Sie für Ihre Kinder (zumindest zeitweise) so langweilig, dass Sie eine Weile von ihnen in Ruhe gelassen werden und selbst wieder Kraft tanken können.

Wenn Sie sich aber Ihrem Kind widmen, dann tun Sie es voll und ganz. Das ist besser, als den ganzen Tag widerwillig mit halber Aufmerksamkeit bei ihnen zu sein. Manchmal genügt schon eine halbe Stunde, in der Sie etwas besonders Schönes gemeinsam machen, und Ihr Kind wird noch abends beim Einschlafen davon schwärmen. Lassen Sie Ihr Kind mit planen, was in dieser intensiven Zeit passieren soll.

Bleiben Sie erwachsen Kinder krempeln Ihr Leben um. Sorgen Sie von Anfang an dafür, dass trotzdem noch Raum für Sie selbst bleibt. Schaffen Sie in Ihrer Wohnung kinderfreie Zonen, in denen es aufgeräumt bleibt und Sie sich wohl fühlen können. Diesen Bereich dürfen die Kinder nicht in Beschlag nehmen – und sei es nur Ihr Schlafzimmer.

Essen Sie nicht immer nur Kindergerichte, sondern kochen Sie mindestens zwei Mal pro Woche richtiges »Erwachsenenessen«. Auch die Liebe zu sich selbst geht durch den Magen!

Spielen Sie Ihre Musik und nicht nur Märchenkassetten oder Kinderlieder.  Im Kinderzimmer dürfen die lieben Kleinen ja gern Benjamin Blümchen oder Techno-extra-krass hören. In den übrigen Räumen behalten Sie hingegen die Lufthoheit in Sachen Sound. Ganz nebenbei wird dadurch der musikalische Geschmack Ihrer Kinder mit geformt.

Besonders wichtig ist das Erwachsenbleiben beim Thema Sexualität und Partnerschaft. Diskutieren Sie Ihre Beziehungsprobleme grundsätzlich ohne die Kinder und niemals im Schlafzimmer. Das Bett bleibt anderen Zwecken vorbehalten.

Vermeiden Sie Überfürsorglichkeit »Das ist zu gefährlich« ist einer der häufigsten gut gemeinten Elternsätze. Zwar trifft er fast immer zu, aber er ist nicht frei von Nebenwirkungen, denn in ihm schwingt die Botschaft mit: »Das kannst du nicht. Wie willst du denn das schaffen?« Ihre Vorsicht schadet somit dem Selbstbewusstsein Ihrer Kinder. Eines Tages werden sie rebellieren und zu überzogenen Risiken bereit sein.

Setzen Sie Ermahnungen sparsam ein. Begründen Sie Ihre Sorge klar und sachlich. Trauen Sie Ihren Kindern etwas zu und ermutigen Sie sie, selbst etwas auszuprobieren. Wenn Sie Ihr Kind von Herausforderungen fern halten, lernt es nicht, sich in schwierigen Situationen zu bewähren. Lassen Sie Ihr Kind ruhig auch eine Niederlage erleben und machen Sie ihm klar: »Davon geht die Welt nicht unter. Das kannst du beim nächsten Mal besser.« Ein konstruktiver Umgang mit Niederlagen gehört zu den wichtigsten Lektionen auf dem Weg zu problemlösendem Denken.

Vermeiden Sie Perfektionismus »Streng dich mehr an! Mir wäre das nicht passiert! Du hast nicht genug geübt!« Nichts kann Kinder und Eltern so sehr belasten wie der Vollkommenheitswahn. Sie verlassen dadurch, ohne es wirklich zu wollen, Ihre wunderbare Elternposition und tauschen sie gegen eine Art Richteramt ein. Das Ergebnis sind anstrengende Machtkämpfe, Verhöre, Verträge, Strafen und

Bußleistungen. Und das alles nur, weil Sie es doch so ganz besonders gut machen möchten!

Haben Sie Mut zur Unvollkommenheit. Die bisherige Ordnung wird bei Veränderungen nicht gleich zusammenbrechen. Sehen Sie jedes Ereignis einzeln und sparen Sie sich Verallgemeinerungen (»Nie räumt ihr auch nur ein Fitzelchen auf!«). Lassen Sie sich ruhig von der Lockerheit Ihrer Kinder anstecken. Seien Sie nachsichtig und tragen Sie es mit Humor und Geduld.

Kinder dürfen weinen, Wutausbrüche haben und auch einmal ausrasten. Wenn Sie auf Stille und äußere Gefasstheit bestehen, bringen Sie Ihre Kinder um eine wichtige Energiequelle. Außerdem verlagern sich die Probleme Ihrer Kinder dadurch nur nach innen, was langfristig zu Schädigungen der Persönlichkeit führen kann.

Bauen Sie Zeitdruck ab Kinder bummeln und Eltern drängeln. »Trödel doch nicht so! Ich hab jetzt keine Zeit! Wegen dir verpassen wir das noch! Jetzt nicht! Ein andermal!« Unter

15

Zeitdruck können harmlose Kleinigkeiten zum Anlass erbitterter Auseinandersetzungen werden. Und dann dauert alles noch viel länger, als wenn Sie nicht nervös auf die Uhr gesehen hätten.

Führen Sie Erholungspausen für Eltern und Kinder ein. Manchmal hilft es schon, wenn Kinder *und* Eltern einen Mittagsschlaf halten. Rechnen Sie grundsätzlich mit Verzögerungen und planen Sie alle Termine mit reichlich »Luft«. Je weiter der Tag fortgeschritten ist, desto länger brauchen müde Kinder für ihre Tätigkeiten.

Zeitdruck am Morgen ist oft die Quittung für Schlendrian am Vorabend. Führen Sie ein klares Gute-Nacht-Ritual ein, das etwa 20 Minuten dauert und vom Spiel zur Ruhe übergeht (zum Beispiel Toben oder Quatschmachen, Schmusen, Vorlesen, Licht ausmachen, Lied, Gebet). Widmen Sie sich in dieser Zeit ganz Ihrem Kind und gehen Sie nicht ans Telefon. Variieren Sie das Ritual immer wieder ein wenig, um Langeweile zu vermeiden, aber bleiben Sie ihm im Wesentlichen treu.

Setzen Sie Grenzen Wenn Sie grenzenlose Freiheit vermitteln wollen, empfinden Sie das vielleicht als toleranten Erziehungsstil. In Wirklichkeit ist es aber eher ein Zeichen für Ihre Führungsschwäche. Sie haben Probleme mit Ihrer Elternrolle und stellen sich deshalb lieber auf eine Ebene mit Ihren Kindern (»Wir sind Freunde.«) oder überlassen ihnen gänzlich die Entscheidung (»Ich geb's auf.«). Derart »freigelassene« Kinder entwickeln keine innere Uhr, um ihren Tag zu strukturieren. Sie haben Schwierigkeiten, ein soziales Wertegefühl und Achtung vor den Grenzen anderer zu entwickeln. Das Ergebnis sind oft »Hochstuhltyrannen«, die alle dominieren und unter ihren Altersgenossen zu Außenseitern werden.

Halten Sie die Geschwisterreihenfolge ein: Ein Kind muss gegenüber seinen jüngeren Geschwistern Privilegien haben, ohne Rücksicht auf seine individuellen Begabungen oder Vorlieben. Gewähren Sie diese Vorrechte auch, wenn das ältere Kind nicht darum bittet. Auf die besonderen Verpflichtungen, die der Ältere gegenüber den Jüngeren hat, müssen Sie in der Regel gar nicht besonders hinweisen. Wenn die Rangfolge klar ist, stellt sich das Verantwortungsbewusstsein normalerweise von selbst ein, solange Sie es Ihrem Kind nicht absprechen. Achten Sie bei einem Einzelkind auf klare Unterschiede zwischen Kind und Erwachsenen. Sie müssen in jedem Fall die Vorbildfunktion erfüllen.

Erziehen Sie zur Unabhängigkeit Eine Kombination aus Liebe und Klarheit scheint Kinder am besten auf eine erfolgreiche Lebensbewältigung vorzubereiten. Setzen Sie Ihren Kindern Grenzen. Denn Kinder interpretieren einen Erziehungsstil, der extrem viel er-

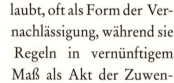

laubt, oft als Form der Vernachlässigung, während sie Regeln in vernünftigem Maß als Akt der Zuwendung und Fürsorge verstehen – auch wenn sie im konkreten Fall heftig protestieren. Selbstdisziplin – ein entscheidender Faktor der emotionalen Intelligenz – lernt Ihr Kind, indem Sie es regelmäßig zur Mithilfe heranziehen, etwa bei leichterer Hausarbeit. Idealerweise übertragen Sie ihm eigenständige Aufgaben.

Ein 4-jähriges Kind kann beim Tischdecken den »Hoteldienst« übernehmen und dafür sorgen, dass jeder Platz mit einer Serviette ausgestattet ist. Ein 7-jähriges Kind könnte die Rolle des »Mundschenks« spielen, jeden nach seinen Getränkewünschen fragen und eigenständig die Getränke holen.

Finden und erzählen Sie Ihre Familiengeschichte »Mein Großvater hat in der Lotterie gewonnen, mit dem Gewinn sehr klug gewirtschaftet und einen eigenen Betrieb aufgebaut. In der Weltwirtschaftskrise 1929 hat er aber alles verloren.« »Meine Großmutter hat meinen Opa geheiratet, als er schon über 50 Jahre alt war. Alle hatten gedacht, dass er wohl ein Junggeselle bleiben und die Familie damit aussterben würde.«  »Meine Urgroßmutter hat einen überhaupt nicht standesgemäßen Mann geheiratet. Aber sie hat ihn geliebt und gegen alle Widerstände durchgesetzt.«

In jeder Familie gibt es solche Kurzgeschichten, in denen wertvolle Weisheiten für die nachfolgenden Generationen aufbewahrt werden. Sie sind jedoch nicht nur Lebensregeln, sondern ein starkes Band, das uns mit unseren Vorfahren verbindet. Wenn Sie solche Geschichten bei Ihren Kindern lebendig halten, stärken Sie damit das kollektive Gedächtnis und erschließen eine Kraftquelle für Ihre Kinder, die später von großer Bedeutung für sie sein wird. Lassen Sie sich nicht durch die Ungeduld Ihrer Kinder verunsichern (»Papa, nicht schon wieder diese Geschichte!«). Ergänzen Sie die alte Erzählung mit neuen Details. Geben Sie nicht auf, sondern sorgen Sie dafür, dass sich die Erinnerung fest verankert. Besonders gut funktioniert das mit Fotos Ihrer Eltern und Großeltern. Auf diese Weise können Sie bestimmte Geschichten mit Bildern verknüpfen, sodass sich Ihre Kinder später mit großer Wahrscheinlichkeit daran erinnern können.

Vergewissern Sie sich Ihrem Kind jeden Tag
Sagen Sie Ihrem Kind jeden Tag, dass es Ihr Kind ist. Ein Ratschlag, der auf den ersten Blick selbstverständlich klingt. Ein Kind will aber auch Selbstverständ-

lichkeiten nicht nur ahnen, sondern es braucht den ausdrücklichen Zuspruch. Bringen Sie Ihre Gefühle zum Ausdruck, zeigen Sie Ihre Liebe zu Ihrem Kind durch Taten, aber auch durch Worte. Untersuchungen zeigen: Das Zugehörigkeitsgefühl von Kindern zu ihrer Familie ist bei denen, deren Eltern häufig Gefühle ausdrücken, um 50 Prozent höher ist als bei solchen, wo das nicht üblich ist.

Babys und Kleinkinder

Neugeborene und Krabbelkinder sind ganz besonders anstrengend, weil sie vollkommen auf Ihre Hilfe angewiesen sind. Aus dem gleichen Grund sind sie auch ganz besonders wunderbar, und kein Mensch kann sich ihrem Zauber entziehen. Der oft gehörte Satz, dass die Kleinkindzeit unheimlich schnell vorbeigehe, kann in so manch schlafloser Nacht ein Trost sein. Vor allem aber ist es eine traurige Wahrheit. Genießen Sie also diese Zeit, auch wenn Ihnen oft gar nicht danach zumute sein wird. Hier ein paar erprobte simplify-Ratschläge, wie sich auch diese harte und zugleich herrliche Phase des Elterndaseins vereinfachen lässt.

Schlafen Sie sich aus

Ein großer Teil des Genervtseins von Eltern mit Kleinkindern ist physiologischer Natur: Ein weinendes Baby unterbricht in unregelmäßigen Abständen Ihren Nachtschlaf und setzt damit Ihre Belastbarkeit am Tag enorm herab. Die Sorgen, die Sie sich um Ihre Kinder machen, nagen obendrein an Ihrem Nervenkostüm. Es erscheint meist unmöglich, etwas daran zu ändern. Probieren Sie es trotzdem, weil der positive Effekt grandios ist. Vereinbaren Sie mit Ihrem Partner, dass Sie sich beim »Nachtdienst« nach einem bestimmten Schema abwechseln, sodass jeder wenigstens zweimal in der Woche richtig ausschlafen kann. Ziehen Sie notfalls in ein anderes Zimmer. Machen Sie es zur obersten Priorität, den Teufelskreis aus zu wenig Schlaf und ständiger Gereiztheit zu durchbrechen. Es ist ein Mythos, dass nur die Mutter vom nächtlichen Schreien ihres Säuglings aufwacht. Wenn sie sich darauf verlassen kann, dass der

Vater oder eine andere Person sich um ihr Kind kümmert, findet sie den bitter nötigen Nachtschlaf.

Geben Sie Ihrem Partner Vorrang

Sobald ein Kind da ist, rutscht es innerhalb der Rangfolge der Familie automatisch auf Platz eins. Das verletzt den, der vorher auf diesem Platz war: den (Ehe-)Partner. Vor allem deshalb, weil ein Kind an der Beziehung der Eltern untereinander eigentlich nichts geändert hat. Denn die Liebe zu einem Kind ist von ganz anderer Art als die Liebe zwischen Mann und Frau. Der einzige Unterschied zu früher ist, dass Sie weniger freie Zeit füreinander haben. Ersetzen Sie fehlende Quantität durch Qualität. Räumen Sie Ihrem Partner Vorrang ein, wenigstens 15 Minuten am Tag, wenn er oder sie von der Arbeit nach Hause kommt. Tauschen Sie in dieser Zeit gute Nachrichten aus oder seien Sie einfach nur zusammen. Wenn die Kinder sich dabei ruhig verhalten, dürfen sie bei Ihnen bleiben. Quengelnde Kinder sollten Sie nicht falsch interpretieren. Wenn Mama und Papa sich Zeit füreinander nehmen und die Kinder dagegen protestieren, ist das keine Eifersucht, sondern einfach Langeweile. Jedes Kind hat in seinem Innersten das herzlichste Bedürfnis, dass sich seine Eltern lieben und umeinander kümmern. Sie dürfen jederzeit für Ihren Partner da sein, ohne schlechtes Gewissen gegenüber Ihrem Nachwuchs zu haben.

Gehen Sie abends zusammen aus, wenigstens alle 14 Tage. Leisten Sie sich dafür einen Babysitter. Lassen Sie sich nicht von diesem Vorhaben abbringen, auch wenn Ihre Kinder beim ersten Mal den Babysitter nerven oder es anderweitig nicht wunschgemäß verläuft. Zeit zu zweit ist kein Luxus, sondern für eine Beziehung lebenswichtig. Und für Ihre Kinder ist diese Zeit ein Juwel, denn deren größter Schatz ist es, wenn Mama und Papa gerne zusammenbleiben.

Lassen Sie sich helfen

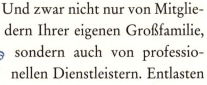

Und zwar nicht nur von Mitgliedern Ihrer eigenen Großfamilie, sondern auch von professionellen Dienstleistern. Entlasten Sie sich, indem Sie Kinderkrippen, Krabbelstuben, Spielgruppen und andere Einrichtungen nutzen, bei denen Ihre Kinder etwas anderes erleben als immer nur das eigene Zuhause. Nutzen Sie die gewonnene Zeit ungeniert für sich selbst, nicht nur für Erledigungen, Einkäufe oder Arbeit, ohne schlechtes Gewissen!

Suchen Sie den Kontakt zu anderen Eltern. Kinderlose Bekannte, die kein Verständnis für Ihre Probleme aufbringen, haben Sie genug. Sprechen Sie mit Ihren Leidensgenossen

über alles. Gerade bei den peinlichsten Themen werden Sie überrascht sein, dass es anderen genauso geht wie Ihnen – und dass andere vielleicht schon gute Lösungen entwickelt haben. Nutzen Sie die anderen Eltern, um sich Babygerätschaften erst einmal zu leihen. Probieren Sie ein Babytragegestell oder einen Trinkflaschenwärmer aus, bevor Sie sich selbst so etwas anschaffen. In der praktischen Anwendung merken Sie schnell, was sich wirklich lohnt. Das spart Geld und vor allem Platz!

Lassen Sie sich auch von der Technik helfen. Überlastete Eltern von kleinen Kindern dürfen ihren Nerven Vorrang vor der Rettung der Umwelt geben, wenigstens zeitweise: Lassen Sie eine halb leere Spülmaschine laufen, benutzen Sie den Trockner statt die Wäsche aufzuhängen oder bestreiten Sie ein Mittagessen komplett aus Tiefkühlkost.

Solange Sie kleine Kinder haben, dürfen Sie die Unordnung lieben und den Traum von der perfekt aufgeräumten Wohnumgebung für ein paar Jahre begraben. Das quirlige junge Leben setzt erst einmal andere Prioritäten. simplify-Trick: Stellen Sie etwas Putzzeug und den Staubsauger neben die Tür. Wenn Besucher kommen und Sie ein schlechtes Gewissen haben (was sich übrigens mit der Zeit legt), sagen Sie: »Ich wollte gerade mit dem Putzen anfangen ...« Und das ist ja meist nicht einmal gelogen.

Streichen Sie das Wort »Rabenmutter«

(Oder auch »Rabenvater«). In unserem Nachbarland Frankreich gibt es weder das Wort noch den damit gemeinten Begriff. Dort ist es selbstverständlich, dass Kinder von Anfang an viel Zeit in Gemeinschaftseinrichtungen verbringen: Kinderkrippe, Kindergarten, Ganztagsschule. Dadurch muss sich keine Mutter vor ihrer Familie oder vor der Öffentlichkeit schämen, wenn sie bald nach der Geburt wieder einem Beruf nachgeht. Das Ergebnis: Frankreich hat die höchste Geburtenrate Europas, Deutschland eine der niedrigsten. Und Frankreichs Eltern haben es dadurch etwas einfacher als die Eltern hierzulande.

Bringen Sie Ihrem Kind von Anfang an bei, dass es eine Zeit ohne Sie sein kann. Dann können Sie es später mit besserem Gewissen in eine Betreuungseinrichtung schicken. Gewöhnen Sie sich an, Ihr Kind immer wieder ein paar Minuten unter der Obhut von jemand anderem zu lassen. Wenn Sie zurückkehren, wenden Sie sich Ihrem Kind zu und geben Sie ihm damit das sichere Gefühl, dass es sich auf Ihr Wiederkommen verlassen kann.

Steigern Sie die Dauer Ihrer Abwesenheit allmählich. Erklären Sie Ihrem Kind, wohin Sie gehen und wann Sie wiederkommen, auch wenn es das »eigentlich« noch gar nicht versteht. Dann verabschieden Sie sich kurz und herzlich. Halten Sie das später beim morgendlichen Bringen in Kinderkrippe oder Kindergarten genauso, und Ihr Kind wird Sie ohne Tränen ziehen lassen. Falls es doch weint, sich nach kurzer Zeit in der neuen Umgebung aber beruhigt, war es nur ein lauter Protest angesichts des unmittelbaren Trennungsschmerzes. Weint es länger und lässt sich nur schwer beruhigen, spiegelt das Kind häufig Zweifel der Eltern wider: ob ihr Kind alt genug ist, ob die Erzieherinnen gut zu ihrem Kind sind oder ob das »Weggeben« nicht insgesamt schadet. Dann helfen am besten vertrauensvolle Gespräche mit dem Personal der Einrichtung.

Kinder im Kindergartenalter

Wenn Kinder größer werden, ihre eigene Welt entdecken und ihren Aktionsradius täglich in beängstigendem Maß erweitern, kann schon manchmal Panik bei den Eltern aufkommen. Außerdem zieht sich das Kindergartenalter im Vergleich zur süßen, ach so schnell vergangenen Babyphase bisweilen ganz schön lange hin. Gegen Panik und Öde hilft nur konsequentes Vereinfachen.

Vereinfachen Sie den Muttertag

Im Kriegsjahr 1914 machte der amerikanische Kongress den Muttertag zu einem offiziellen weltlichen Feiertag. In Deutschland erklärte Adolf Hitler 1933 den Muttertag zu einem nationalsozialistischen Gedenkfest. Nach dem

Krieg wurde kein Muttertag gefeiert. Erst in den 50er Jahren kam er wieder auf, nun am zweiten Maisonntag wie in den USA. Vielleicht ist diese schwierige Vorgeschichte der Grund, dass dieser Tag immer noch von etwas schlechtem Gewissen begleitet wird. Daher der simplify-Rat: Entlasten Sie den Muttertag von allen Erwartungen. Kein Kind muss für die Geburtsschmerzen und sonstigen Mühen seiner Mutter eine Gegenleistung erbringen. Nehmen Sie den Muttertag als Anlass, fröhlich und dankbar füreinander zu sein.

Sprechen Sie als Mutter mit Ihren Kindern bei einem ausgiebigen Muttertagsfrühstück über den Moment, als Sie sie als Baby zum  ersten Mal im Arm hatten. Teilen Sie mit Ihren Kindern die Freude, die Sie damals erfüllt hat. Schauen Sie mit ihnen auch Fotos an, die Sie selbst und andere Familienmitglieder als Babys zeigen.

Falls Sie gerade Probleme mit dem Thema »Mutter« haben – nutzen Sie den Muttertag, um Schuldgefühle oder alten Groll bewusst loszulassen. Sie müssen keine perfekte Mutter sein, und Sie müssen auch keine perfekte Mutter gehabt haben. Am Muttertag  wird gefeiert, dass Sie und Ihre Kinder am Leben sind – mehr nicht. Das Leben selbst ist die Mutter hinter allen Müttern.

Die tägliche Routine

Essen machen Beziehen Sie die Kinder beim Kochen mit ein, und zwar nicht nur für typische Hilfsarbeiten wie Tischdecken oder Getränke holen. Geben Sie ihnen das Gefühl, dass sie selbst das Essen machen und Sie dem Kind dabei helfen. So schlagen Sie mehrere Fliegen mit einer Klappe: Das Essen ist fertig, Sie haben einen zukünftigen Koch ausgebildet, Sie haben Zeit miteinander verbracht, und das Kind blüht auf durch das Gefühl, etwas vollbracht zu haben.

Wäsche waschen Vereinfachen Sie das zeitraubende Thema Wäsche, indem Sie auf »Profi-

Standard« umstellen: Gewaschen wird nur, was Ihre Kinder in die familiäre Wäscherei bringen. Und dort müssen Sie die fertigen Sachen auch wieder abholen. Das funktioniert

auch bei kleineren Kindern (denen müssen Sie noch helfen, die Wäsche in den Schrank zu räumen) und ist nur eine Sache der Gewohnheit. Wenn Kinder denken, der immer gut gefüllte Wäscheschrank sei reine Zauberei, werden sie nie lernen, eigenverantwortlich einen Haushalt

zu führen. Führen Sie Ihre Kinder mit zunehmendem Alter nach und nach in die verschiedenen Handgriffe ein: Waschmaschine beladen, Waschpulver einfüllen, Maschine ausräumen, Wäsche aufhängen, zusammenlegen und eines Tages sogar bügeln. Das gilt auch und gerade für Jungs!

Anziehen Bringen Sie Ihren Kindern möglichst früh bei, sich selbst anzuziehen. Besprechen Sie am Abend, welche Kleidungsstücke sie am nächsten Morgen wieder verwenden können und welche in die »Wäscherei« gebracht werden müssen. So vermeiden Sie unschöne Szenen am Frühstückstisch (»Mit *dem* dreckigen Pulli willst du in den Kindergarten?«). Ein schöner simplify-Trick ist das »Kleidermännchen«: Sie legen abends alles, was Ihr Kind am nächsten Morgen anziehen soll, ausgebreitet auf den Boden – so, als ob sich ein komplett angezogenes Kind auf den Boden gelegt hätte und sein Körper dann auf magische Weise verschwunden wäre.

Finanzen Sobald Ihr Kind halbwegs die Zahlen kennt, können Sie es mit Geld vertraut machen und ihm regelmäßig etwas geben. Sprechen Sie sich mit anderen Eltern über die Höhe ab. Vereinbaren Sie später lieber ein etwas großzügigeres regelmäßiges Taschengeld, aber zahlen Sie darüber hinaus keine Extras. So schulen Sie Ihr Kind, seine Finanzen möglichst früh selbstständig zu regeln. Es lernt, dass durch regelmäßiges Sparen auch größere Anschaffungen möglich sind und dass Kaufen auf Pump Schwierigkeiten bringen kann.

Autos und Kinder Um Autofahrer zu veranlassen, langsamer zu fahren, weil Kinder in der Nähe spielen, helfen Schilder nur wenig.  Wirksamer und einfacher ist es, Kinderspielzeug gut sichtbar an den Straßenrand zu stellen, solange die Kinder draußen spielen, also etwa ein Bobbycar oder eine kleine Schubkarre, am besten umgekippt.

Selber machen »Aber ich weiß doch nicht, wie das geht.« Wie oft mögen Sie diesen Satz schon gehört haben, wenn ein Mann die Waschmaschine bedienen oder eine Frau einen Druckertreiber installieren soll. »Erlernte Hilflosigkeit« nennt man diese Unart, mit denen manche Menschen ihrer Umgebung das Leben ganz schön schwer machen. Damit es Ihre Kinder später besser machen, sollten Sie ihnen von Anfang an das simplify-Prinzip nahe bringen: Tu es selbst!

Damit vereinfachen Sie auf längere Sicht auch Ihr eigenes Leben. Also: Wenn Ihr Kind das nächste Mal sein Sporthemd in letzter Minute gewaschen haben möchte – zeigen Sie ihm, dass diese geheimnisvolle Waschmaschine überhaupt nicht geheimnisvoll ist. Wenn die Kleinen einen Erdbeerkuchen haben möchten – helfen Sie ihnen beim Selbermachen. Reagieren Sie gelassen, falls dabei anfangs etwas schief geht. Kleine Pannen sind unterm Strich immer noch zeitsparender, als wenn Sie bis zur Volljährigkeit Ihren Sprösslingen jeden Handgriff abnehmen.

Welches Musikinstrument? Alle Gehirnforscher und Motivationsexperten sind sich einig, dass selbst gemachte Musik die Intelligenz ganz außerordentlich fördert. Und die innere Disziplin, denn das regelmäßige Üben belohnt sich beim Musizieren von selbst. Wichtigster simplify-Rat: Behalten Sie den freudigen Aspekt im Auge. Befreien Sie sich von der Vorstellung, dass Ihr Kind eines Tages konzertreif vor Freunden auftreten soll. Begeben Sie sich vertrauensvoll in die Hände der Profis: Im Verband Deutscher Musikschulen sind fast 1000 öffentliche Einrichtungen für Kinder und Erwachsene organisiert. Sie verstehen sich als »Begeisterungsagenturen in Sachen Musik« und geben auch gute Beratung, welches Instrument für Ihr Kind am besten geeignet ist. Hier ein paar Hinweise.

- *Blockflöte.* Der typische Einstieg in die Musik mit schnellen Erfolgserlebnissen und ohne körperliche Belastungen. Musikpädagogen schätzen die Flöte auch wegen der Atemtechnik, die Ihr Kind fast unwillkürlich dabei lernt. Besonders nützlich ist das Zusammenspiel mit anderen, bei dem Hören und Taktgefühl geschult werden. Nachteil: Blockflöte ist nicht besonders »cool«.
- Das ist anders bei der *Gitarre.* Viele Kinder träumen davon, auf einer E-Gitarre wilde Töne zu produzieren. Der Einstieg geschieht allerdings immer über eine akustische Konzert- oder Wandergitarre mit Nylonsaiten. Für Linkshänder gibt es seitenverkehrt gebaute Modelle. Bei keinem anderen Instrument

verläuft die Lernkurve so steil. Schon nach ein paar Stunden wird Ihr Kind von seiner eigenen Spielkunst beeindruckt sein. Für kein anderes Instrument gibt es außerdem so gut gemachte Bücher mit CD und Videos für den Selbstunterricht. Ihr Musikhändler berät Sie gern. Dass Ihr Kind später auf die E-Gitarre umsteigen kann, motiviert zusätzlich.

- Der große Vorteil beim *Klavier*: Der Ton klingt von Anfang an klar und es ist enorm vielseitig, von Klassik bis Ragtime und Rock. Nachteile: Ein »richtiges« Klavier ist groß, teuer und laut. Benachteiligt sind Linkshänder, weil die rechte Hand stets die schwierigeren Passagen zu spielen hat. Ein guter Kompromiss sind elektronische Pianos mit Original-Klaviertasten und fast perfekter digitaler Klangerzeugung. Es ist kompakt und lässt sich auch über Kopfhörer hören. Was bei der Gitarre die E-Gitarre, ist beim Klavier die Umsteigemöglichkeit zum Keyboard (was früher »Heimorgel« hieß). Mit Begleitautomatik und

verschiedensten Soundeffekten lassen sich hier die schnellsten Erfolgserlebnisse aller Musikinstrumente ernten. In Verbindung mit einem Computer ist es der Einstieg in die Zauberwelt der elektronischen Musik.

- Bei *Geige* und anderen Streichinstrumenten ist der Anfang hart. Bis zum ersten schönen Ton kann eine lange Zeit vergehen. Als Soloinstrument ist es erst genießbar, wenn man es fast virtuos beherrscht. simplify-Tipp: Suchen Sie für Ihr Kind einen Lehrer, der auch Fiedel, Zigeuner- oder Jazzgeige unterrichtet. Bei ausschließlich auf klassische Musik konzentriertem Unterricht lässt der Spielspaß lange auf sich warten.

- Einen hohen Nimbus genießt das *Schlagzeug*. Es ist ein besonderes Erlebnis, mit allen Körperteilen rhythmische Musik zu machen. Für die unfreiwilligen Zuhörer ist ein Schlagzeugschüler jedoch eine Qual. simplify-Tipp: Es gibt lautlose elektronische Schlagzeuge mit verblüffend naturalistischem

(Kopfhörer-)Klang. Ideal ist Schlagzeug als Ergänzung zu einem Melodieinstrument.

Wenn Ihr Kind gern und halbwegs gut singen kann, möchte es vielleicht in einem Kinderchor mitmachen. Der soziale Druck, bei den Proben und Auftritten mitzumachen, ist in einer größeren Gruppe noch höher als beim Einzelunterricht mit einem Musikinstrument. simplify-Tipp: Hören Sie sich den Chor zusammen mit Ihrem Kind mindestens zweimal an und sprechen Sie mit Mitgliedern: Wie ist die Stimmung in der Gruppe, wie launisch ist die Leitung, wie viele Auftritte im Monat werden erwartet. Erst wenn Sie mit allem einverstanden sind, was Sie dort erfahren, stellen Sie Ihr Kind dem Chorleiter vor. Vereinbaren Sie unbedingt eine Probephase, innerhalb der sich Ihr Kind aus der Verpflichtung lösen kann, ohne ein schlechtes Gewissen gegenüber dem Chor haben zu müssen.

Aufräumen und Ordnung halten

»Räum endlich dein Zimmer auf!« Kinderzimmer sind berüchtigt für ihr Durcheinander, was ein permanenter Stressfaktor für alle Eltern ist. Das simplify-Rezept für dessen Beseitigung lautet: Lernen Sie von den Profis im Kindergarten: Dort hat jedes Ding seinen Platz, und der Raum ist in verschiedene thematische Bereiche aufgeteilt. Das geht auch in einem kleinen Kinderzimmer.

Der Trick mit den Ecken Richten Sie eine *Lese- und Kuschelecke* ein. Platzieren Sie dazu das Bücherregal in der Nähe des Bettes oder eines gemütlichen Sessels, sodass Ihr Kind die wohlige Kombination »Kuscheln und Le-

sen« erfährt. Präsentieren Sie wie ein Buchhändler wechselnde Bücher frontal, damit sie Ihrem Kind ins Auge fallen und zum Anschauen motivieren. Hier ist auch der beste Ort für ein Regalbrett mit allen Kuscheltieren.

Der Kassetten- und CD-Player samt den dazugehörigen Tonträgern ist ebenfalls in der Nähe des Kuschelbereichs gut aufgehoben. Wenn Ihr Kind ein Instrument lernt, stellen Sie ihm dafür am besten einen besonderen Platz innerhalb der Wohnung zur Verfügung. Es fördert die Konzentration, wenn das Flöteüben nicht inmitten der Spielsachen stattfindet.

Ein Sitzwürfel, ein weicher Teppich und ein Spiegel vor dem Kleiderschrank, außerdem ausreichend Haken an der Wand, um dort Anziehsachen gut erreichbar aufzuhängen – fertig ist der *Anziehbereich*. Es gilt die gleiche Regel wie im Kindergarten: Klamotten dürfen nur hier abgelegt werden, sie haben ihren Platz an den Haken. Wild herumliegende Bekleidung wird nicht geduldet. Bringen Sie Ihrem Kind möglichst frühzeitig bei, dass es schmutzige Wäsche im Badezimmer in den Wäschekorb wirft.

In der *Spiel- und Bauecke* installieren Sie ein Regal für alle Spielekartons. Kaufen Sie außerdem stabile Kisten aus Holz oder Kunststoff, für jede Art von Spielzeug eine (Bausteine, Holztiere, Spielzeugautos). Wenn Sie Kinder im typischen Lego-Alter mit vielen Bausteinen haben: Verzichten Sie auf das Zeit raubende Sortieren der Steine in Kisten und Schachteln (das meist an den Eltern hängen bleibt). Stellen Sie in eine Zimmerecke einen einfachen Sandkastenstecksatz mit Sitzrahmen aus Holz (etwa 1 x 1m, ab 20 Euro im Baumarkt). Am Abend werden alle Bausteine in dieses »Legoland« zurückgeworfen. Auch halb und fertig gebaute Kunstwerke bleiben innerhalb des hölzernen Rahmens.

Verglichen mit den Aufbewahrungskisten von Erwachsenen sollten Kinderkisten etwa doppelt so groß ausfallen wie der vorgesehene Inhalt. Mit anderen Worten: Eine Box ist bereits dann voll, wenn sie zur Hälfte gefüllt ist. Nur dann macht es Spaß, darin etwas zu suchen.

Die Kindergartenregel lautet: nur *ein* Spiel gleichzeitig! Wird etwas Neues begonnen, muss das Alte vorher aufgeräumt werden.

Schaffen Sie Ausstellungsflächen Wenn Ihre Kinder etwas Schönes gebastelt oder aufgebaut haben, wäre es grausam, wenn sie es jeden Abend immer wieder zerstören müssten. Wollen sie am nächsten Tag weiterspielen, dürfen die Sachen selbstverständlich in der Bauecke aufgebaut bleiben. Möchten die Kinder dort etwas anderes spielen, schaffen Sie eine Ausstellungsfläche für Kunstwerke wie »Barbies Klorollenschloss« oder »Angriff der Lego-UFOs«, etwa ein freies Regalbrett oder die obere Fläche einer Kommode.

Vermutlich können Sie nicht wie im Kindergarten eine eigene Fläche zum Basteln und Malen vorhalten. Reservieren Sie aber einen Regalbereich, in dem alle Stifte, Farben, Bastelwerkzeuge und -materialien aufgehoben werden, am besten in einem großen flachen Behälter, den das Kind zu einem Tisch mitnehmen kann und dort dann alle benötigten Utensilien vor sich hat. Halten Sie dort auch eine große Unterlage für den Fußboden oder den Tisch bereit, auf dem Ihr Kind arbeiten kann.

In jedem Kindergarten wird die Nahrungsaufnahme streng von der Spielzone getrennt, sonst klebt bald die Apfelschorle zwischen den Legosteinen und die Kekskrümel knirschen in den Spielzeugkisten. Vereinbaren Sie: Wenn Ihre Kinder etwas essen möchten, sollen sie dazu in die Küche oder an den Essplatz kommen. Gegessen und getrunken wird grundsätzlich nur im Sitzen – das reduziert den Anteil vollgekleckerter Textilien erheblich.

Lagern Sie die Spielsachen oder Bilderbücher Ihrer Kinder nicht nur in offenen Regalen. Packen Sie so viel wie möglich in abschließbare Schränke. Damit schaffen Sie mehr Ruhe im Raum. Vereinbaren Sie mit

dem Kind, dass es alle Spielsachen aus diesem Schrank nach dem Spielen dorthin zurücktut, bevor es etwas Neues daraus bekommt. Die einzelnen Spielsachen bleiben dadurch attraktiver, und das Aufräumen hat auch seinen Sinn.

Aufräumen mit Kindern Verwenden Sie das Thema Aufräumen nie als Strafe. Ordnung schaffen sollte Spaß machen, weil dadurch Platz geschaffen wird für neue grandiose Möglichkeiten, sich zu betätigen. Achten Sie darauf, dass Ihre Kinder immer mithelfen, wenn Sie aufräumen, selbst wenn das am Anfang noch eher symbolisch sein dürfte. Erwarten Sie von Ihren Kindern keine Wunder.

Praktizieren Sie gemeinsam mit Ihren Kindern das simplify-Gebot: Wenn etwas Neues angeschafft wird, muss etwas Altes dafür raus. Kinder sind meist sehr stolz, wenn bestimmtes »Babyspielzeug« aus ihrem Zimmer verschwindet und sie stattdessen etwas »für Große« bekommen. Finden Sie gemeinsam mit dem jeweiligen Kind einen guten Platz für die Neuerwerbung. So lernt es, eigenverantwortlich Ordnung zu halten.

Gegen den Spielzeug-Overkill Was hilft gegen die Flut von Spielsachen, inmitten derer Ihre Kinder am Ende gelangweilt sitzen und gar nicht mehr wissen, wo sie anfangen sollons? Der Trick heißt »künstliche Verknappung«: Vereinbaren Sie, dass es manche  Spielsachen nur an einem bestimmten Wochentag oder in einem bestimmten Monat gibt: Kaufmannsladen oder Eisenbahn in der Vorweihnachtszeit, Puppenküche oder Rennbahn im Januar. Sogar eine Sonntagspuppe haben wir bei Bekannten schon einmal erlebt.

Packen Sie außerdem einen großen Schuhkarton mit besonders schönen Büchern, Comics, Märchenkassetten und Spielsachen, die einem kranken Kind im Bett die Zeit vertreiben können. Heben Sie die Schachtel in Ihrem Kleiderschrank ganz oben auf und verwenden Sie die Dinge nur im Krankheitsfall, damit sie sich nicht »abnutzen«.

Damit Sie das richtige Spielzeug einkaufen (oder sich von der Oma wünschen lassen), machen Sie den »simplify-Check«: Je einfacher und urtümlicher die Themen sind, die das Spielzeug anspricht, umso höher ist sein langfristiger Spielwert. Ein gutes Beispiel ist das

48

ewige Rennen der Spielzeughersteller Lego und Playmobil. Lego fiel in der Gunst der Kinder zurück, als es Roboter und Themenbausätze zu kurzfristigen Hollywood-Filmen wie Harry Potter anbot. In der gleichen Saison war die Arche Noah von Playmobil – ein klassisches Urthema – der Verkaufsschlager.

Ein ständiges Ärgernis ist es, den Kindern all die Sachen hinterher zu räumen, die nicht in den gemeinsamen Wohnbereich, sondern in die Kinderzimmer gehören. Der simplify-Tipp: Stellen Sie neben die Wohnzimmertür einen großen hübschen Korb, in den alles wandert, was eigentlich in die Kinderzimmer gehört, aber hier »vergessen« wurde. Blockflöte, Mickymaushefte, Pullover, Geldbeutel, Spielzeug, Schulsachen und so weiter sammeln sich in diesen Korb. Jedes Kind holt sich am Abend seine Dinge heraus, spätestens aber am Samstagvormittag. Denn alles, was dann noch im Korb liegt, wird konfisziert und verpflichtet den Eigentümer zur Extra-Mitarbeit im Haushalt. Das System ist einfach und klappt auch schon bei Kindergartenkindern vorzüglich.

Ohne Angst einschlafen

Kinder lieben einen festen Ritus beim Schlafengehen, der nach immer gleichem Rhythmus abläuft: Zuerst alles für den folgenden Tag vorbereiten (Turnbeutel, Brotbüchse, Geld für Ausflüge und all diese Dinge, die am Morgen Stress bedeuten könnten), dann ausziehen, Zähne putzen und waschen (dabei zum Beispiel jeden zweiten Tag baden), Geschichte im Bett vorlesen und ein Gute-Nacht-Lied singen. Vermeiden Sie wilde Spiele und familiären Streit. Auseinandersetzungen wegen Streit mit Kindergartenfreunden oder sonstigen Problemen sollten immer vor dem Abendessen, keinesfalls danach stattfinden. Sonst sabotieren Sie den gesunden Schlaf Ihrer Kinder.

Helfende Rituale Wenn Sie religiös sind, beten Sie mit Ihren Kindern vor dem Einschlafen. Ein Segenszeichen auf der Stirn empfinden sie als Symbol für Schutz und Zuneigung. Wenn Sie kein Kreuzzeichen machen wollen, kann es auch ein Kreis sein, »in dem die guten Träume aufgehoben sind«.

Hat Ihr Kind Angst vor Monstern, nehmen Sie seine Ängste ernst und zeigen ihm, dass Sie etwas dagegen tun können. Besorgen Sie das »beste Monsterspray der Welt«: Füllen Sie Wasser in eine leere Plastikflasche (mit Pumpspritze!) und kleben Sie ein großes Etikett mit der Aufschrift »Monsterspray« darauf. Vor dem Einschlafen sprühen Sie mit dem Kind überall dorthin, wo seiner Meinung nach Monster versteckt sein könnten, etwa unter dem Bett, in dunklen Ecken und im WC. Die Flasche kann zur Beruhigung neben dem Bett stehen und auch mit in den Urlaub kommen. Als Alternative nehmen Sie ein großes »mutiges« Kuscheltier (Löwe, Bär, Tiger oder Hund), das vor dem Bett oder der Kinderzimmertür Wache hält.

Sehr beruhigend ist es auch, wenn das Kind alle Menschen aufzählt, die es liebt und denen es eine gute Nacht wünschen möchte. »Gute Nacht, liebe Omi; gute Nacht lieber Opa im Himmel; gute Nacht Tante Mia in Hamburg …« Auch Eltern, Geschwister, Cousinen und Cousins, Freunde, Kindergärtnerinnen, Lehrer, Babysitter, Tiere, Bäume und Blumen gehören in diesen Kreis der Zuneigung. Dadurch sieht das Kind auf die anderen und lässt sich selbst und seine eigenen Ängste los. Beenden Sie die Aufzählung immer mit der gleichen Formel, etwa: »Wir danken euch allen für eure Freundlichkeit und Liebe und wünschen euch eine gute Nacht.«

Einkaufen gehen mit kleinen Kindern

Mit kleinen Kindern einen größeren Einkauf zu erledigen, kann zur Tortur werden. Nicht immer kann jemand die Kleinen zu Hause hüten, damit man ungestört seine Besorgungen machen kann. Mit den folgenden Strategien meistern Sie den Einkauf leichter:

Schreiben Sie alle Artikel, die Sie brauchen, in der Reihenfolge auf, wie sie Ihnen bei einer Route durch den Supermarkt oder die City begegnen. Das spart doppelte Wege und Zeit. Geben Sie dem Kind noch zu Hause etwas zu essen und zu trinken, denn satte Kinder quengeln weniger. Vor plötzlichem Heißhunger auf die Süßigkeiten im Laden schützt ein Stück Banane. Nehmen Sie für alle Fälle ein paar trockene Butterkekse, eine Brezel oder einen Apfel mit, bei längeren Einkaufstouren auch eine Trinkflasche. Schicken Sie Ihr Kind vor dem Einkaufen zu Hause auf die Toilette beziehungsweise wickeln Sie es frisch. Planen Sie genug Zeit zum Fertigmachen ein, damit es entspannt losgehen kann.

Lenken Sie den Aktionsdrang Ihres Kindes auf Wahrnehmungsaufgaben, die es vom Sitz des Einkaufwagens aus erfüllen kann. Nehmen Sie dafür den Supermarkt als riesiges Suchspiel: »Wo sind die Hörnchennudeln? Siehst du die Karotten?« Mit größeren Kindern können Sie »Ich-sehe-was-was-du-nicht-siehst« spielen, während Sie an der Kasse warten. Lassen Sie die Kinder bei »harmlosen« Entscheidungen mitbestimmen: »Wollen wir Camembert oder Edamer kaufen? Nehmen wir Birnen oder Bananen? Das blaue oder das rote T-Shirt?« Der Trick dabei ist, dass Sie Alternativen vorgeben, von denen Ihnen jede recht ist. Wenn Sie dann bei anderen Sachen hart bleiben möchten (Knabbereien, Schokolade, Spielzeug, Comics), können Sie darauf hinweisen, dass das Kind schon etwas zum Einkaufen ausgesucht hat und Sie jetzt an der Reihe sind.

Wenn Ihr Kind in der kalten Jahreszeit sehr quengelt, liegt es in Kaufhäusern oft daran, dass es einfach schwitzt. Also ziehen Sie gleich bei der Ankunft im Kaufhaus die warmen Sachen wie Mütze und Schal aus und machen Sie die Jacken auf. Einkaufen strengt Kleinkinder an: Gönnen Sie sich und den Kleinen deshalb anschließend immer eine gemeinsame Erholung mit Kuscheln oder Spielen.

Vereinfachen Sie den Kindergeburtstag

Die erfolgreiche Chefsekretärin eines großen deutschen Unternehmens, eine berufliche Wiedereinsteigerin nach einer langen Kindererziehungsphase, sagte einmal in einem Inter-

view: »Wer einen Kinder-
geburtstag organisieren
kann, der kommt auch mit
der Vorbereitung einer
Aufsichtsratssitzung klar.« Sie hat Recht, denn
das harmlos wirkende Kinderfest hat es ganz
schön in sich.

Beim Einladen stellt sich vorerst die Frage:
Wie viele Kinder? So viele, wie das Kind Jahre
alt wird, heißt die kluge Faustregel. Wichtiger
ist natürlich, dass keine Busenfreundin und
kein Lieblingskumpel fehlt. Dann muss ein
Termin gefunden werden, an dem alle
können. Das kann wegen Sporttrai-
nings, Musikstunden und Ballett-
unterricht schon bei fünf Kindern
viel Telefoniererei bedeuten. Eine
schriftliche Einladung ist unver-
zichtbar, sonst wird Ihr Fest übersehen. Geben Sie dabei als guten Service unbedingt
Ihren vollen Namen, Ihre Adresse und Ihre
Telefonnummer an, auch wenn Sie sicher sind,
dass alle Festgäste irgendwann schon einmal
bei Ihnen waren.

Der simplify-Tipp schlechthin für Kinder-
geburtstage lautet: Lassen Sie die Kinder das

Fest weitgehend selbst gestalten. Greifen Sie nur ein, wenn es offensichtliche »Hänger« oder Streit gibt. Ansonsten haben die Kleinen für ihre Feten schon feste Rituale, die Sie nicht ändern brauchen. Alle schauen beim Auspacken der Geschenke zu, es gibt eine Schatzsuche oder Schnitzeljagd und ein paar Spiele, die alle erwarten. Welche das sind und wie sie funktionieren, erfahren Sie am zuverlässigsten von den Eltern der Freunde Ihres Kindes.

Wie wäre es mit einer Feier außerhalb Ihres Zuhauses? Das muss nicht die (von Kindern über 10 Jahre ohnehin als »ätzend« empfundene) Kinderparty bei McDonald's sein. Machen Sie Picknick in einem Park, besuchen Sie ein Museum – zum Gruppenpreis – mit anschließendem Snack im Museumsbistro oder suchen Sie sich einen Kooperationspartner: Viele Sternwarten und Zoos bieten Arrangements für Geburtstagsfeiern, ebenso fast alle Kindertheater und manchmal sogar Bibliotheken.

Schulkinder

Kleine Kinder, kleine Sorgen – große Kinder, große Sorgen. An diesem Sprichwort ist etwas Wahres dran, denn nun werden Ihre Sprösslinge zunehmend selbstständiger und eigensinniger. Da sich ihr Aktionsradius immer mehr erweitert, können Sie ihr Tun immer weniger begleiten. Vertrauen Sie ihnen und geben Sie ihnen gleichzeitig Halt: Beides brauchen Ihre Kinder, um ihren eigenen Weg zu finden und sich dabei nicht zu verirren.

Machen Sie Ihrem Kind das Leben leichter

Wie wird Ihr Kind mit Enttäuschungen fertig? Kann es sich selbst motivieren? Bleibt es an einer Aufgabe dran? Hat es Freunde?

Kann es sich in andere hineinversetzen? Das alles sind Fähigkeiten der »emotionalen Intelligenz« – nach Ansicht der meisten Experten die wichtigste Qualifikation für den Arbeitsmarkt der Zukunft. Während vom Intelligenzquotienten IQ behauptet wird, dass sich durch Schulung (und Schule) nicht viel an ihm ändern lasse, können Kinder ihren emotionalen Quotienten EQ durch die richtige Erziehung nachweisbar steigern. Und das schon sehr früh! Die wichtigsten Forschungsergebnisse haben wir hier zusammengetragen.

Achten Sie Ihr Kind als Person Hören Sie sich den Standpunkt Ihres Kindes an – und zwar immer. Bleiben Sie ruhig, auch wenn Sie ganz anderer Ansicht sind. Stellen Sie anschließend Ihre Meinung dar. Vermeiden Sie dabei, Ihr Kind herabzusetzen. Kinder, die von ihren Eltern immer wieder lächerlich gemacht werden, weisen einen noch geringeren EQ auf als körperlich misshandelte. Kinder brauchen die Gewissheit, dass sie um ihrer selbst willen geliebt werden und nicht für das, was sie tun. Ein Kind, das diese Sicherheit nicht erfahren hat, verfügt als Erwachsener über ein geringes Selbstwertgefühl und entwickelt oft ein extremes Verlangen, andere zufrieden zu stellen.

Geben Sie Ihrem Kind gerade bei Konflikt- und Trotzreaktionen erhöhte körperliche Zuwendung, auch wenn Ihnen ehrlicherweise eher nach einer Ohrfeige zumute ist. Drücken Sie es fest, sehen Sie ihm in die Augen und sagen Sie etwas wie: »Ich habe dich lieb, aber das machst du nicht noch mal.«

Behandeln Sie Ihr Kind nicht als etwas Besonderes Es kann zwar kurzfristig das Selbstwertgefühl steigern, wenn Sie Ihrem Kind zu verstehen geben: »Alles, was du anpackst, machst du besonders gut.« Später aber können daraus Versagensängste werden, wenn sich das Kind der Belastung aussetzt, für Sie ständig Spitzenleistungen erbringen zu müssen. Normale Resultate wertet es dann bereits als Misserfolg.

Um das zu vermeiden, loben Sie konkret: »Es gefällt mir, wie du diesen Turm heute gebaut hast« anstelle von »Du baust immer so tolle Sachen«. Oder: »Schön, dass dir das jetzt aufgefallen ist« statt »Du siehst einfach alles«.

Entfremden Sie Ihr Kind nicht von seinen Gefühlen Emotionale Intelligenz besteht, wie der Name sagt, aus Köpfchen und Gefühlen. Meist wird die Bedeutung der Vernunft bei der Bewältigung von Lebensproblemen über- und der Anteil der Gefühle unterschätzt. Ein ungutes Gefühl bei einem Geschäftsabschluss etwa kann aber eine entscheidende Hilfe zur Vermeidung eines Misserfolgs sein.

Ein Beispiel: Ihr Kind hat einen Trotzanfall. Sagen Sie ihm, dass sein Zorn an sich in Ordnung ist: »Du bist jetzt wütend, und das kann ich sogar ein bisschen verstehen. Ich weiß, wie du dich fühlst, denn ich bin auch manchmal ärgerlich.« Wenn die Situation es erlaubt, lassen Sie Ihrem Kind einen Freiraum für sein Gefühl: »Geh in dein Zimmer, bis du dich beruhigt hast.« Werten Sie aber nicht. Untersagen Sie ihm schädliche Handlungen (wenn das Kind beißt oder etwas kaputt macht), aber verbieten Sie nicht das Gefühl.

Die mentalen Muskeln stärken Das passiert schon früh: Ihr Kind möchte unbedingt die Schuhe der Marke XY, die alle anderen derzeit auch tragen, obwohl sie Ihrer Meinung nach zu teuer, unpraktisch und obendrein hässlich sind. Verkneifen Sie sich einen moralischen Vortrag über den Vorzug, einen eigenständigen Geschmack zu haben, sich die Nachteile der ersehnten Sachen klarzumachen usw. Nutzen die Lage lieber zu einem Diskussionstraining und sagen Sie: »Okay, ich höre dir zu. Versuche, mich zu überzeugen!« Verhandeln Sie fair mit Ihrem Kind. Wenn es die Schuhe wirklich will, soll es etwas dafür tun. Dadurch werden die »selbst erkämpften« Klamotten viel wertvoller, als wenn Sie sie nach einem Wein- oder Wutausbruch zähneknirschend gekauft hätten – oder durch Ihr striktes Verbot das Kind zu Heimlichkeiten verleitet hätten.

Mediennutzung à la simplify Aus Sorge, dass ihre Kinder dem Fernsehen hemmungslos verfallen könnten, schaffen manche Familien dieses Medium (dann meist verächtlich »Glotze« genannt) ganz ab. Allerdings: Wenn Ihre Kinder den Umgang mit diesem Medium nicht lernen, sind sie später benachteiligt. Fernseh‑

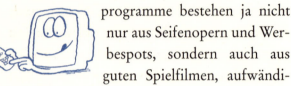

programme bestehen ja nicht nur aus Seifenopern und Werbespots, sondern auch aus guten Spielfilmen, aufwändigen Dokumentationen und Sendungen, die das politische Bewusstsein entwickeln. Durch die Mischung von Bild und Ton kann eine TV-Sendung Inhalte so effizient und gehirnfreundlich vermitteln wie kaum ein anderes Medium. Dieser positive Effekt geht aber verloren (und verkehrt sich schnell ins Gegenteil), wenn auf eine Sendung gleich die nächste folgt.

Das simplify-Prinzip für einen guten Umgang mit dem Fernsehen lautet daher: eine

Sendung und dann Pause. Wählen Sie mit Ihrem Kind eine Sendung aus. Die darf es

dann sehen, und danach wird – stellen Sie das von vornherein klar – ausgeschaltet. Wichtig ist, dass Ihr Kind nach der einen Sendung den Platz wechselt, sich bewegt und irgendetwas ganz anderes macht.

Machen Sie Ihren Kindern klar, dass es für Sie viel einfacher wäre, den Fernseher anzuschalten, als sich den ständigen Diskussionen zu stellen. Sagen Sie, dass Sie aus Liebe den schwierigeren Weg gehen. Die Kinder werden weiter maulen, aber sie wissen trotzdem, dass an dem Argument etwas dran ist. Eines Tages sagen sie: »Beim Patrick läuft den ganzen Tag der Fernseher. Das ist richtig blöd.« Dann können Sie sich auf die Schulter klopfen.

Viele Sendungen liefern fragwürdige Vorbilder. Träumt Ihre Tochter davon, beim »Casting« zu glänzen? Fühlt sich Ihr Sohn als Actionheld? Machen Sie nicht alles madig, aber machen Sie alles, was Ihnen oder den Kindern auffällt, zum Gesprächsthema.

Vorsicht mit dem Nachrichtenhorror: Gucken Sie niemals Nachrichten mit Kindern, die noch nicht reif dafür sind. Nichts macht mehr Angst, das ist erwiesen. Die Auswahl suggeriert, dass die Welt aus nichts als Elend und

Gewalt besteht – darauf fallen auch Erwachsene immer wieder herein. Zudem wissen Kinder sehr genau, was gespielt und was echt ist. Viele Sender halten die Kameras unbarmherzig auf menschliches Leid. Hören Sie lieber Radio, um auf dem Laufenden zu sein. Es gibt außerdem gute Fernsehnachrichten speziell für junge Zuschauer (z. B. *logo* im KIKA).

Bieten Sie Ihrem Kind einen guten Mix aus Unterhaltung und Information, der seiner Altersstufe entspricht. Deutsche Kinder zwischen drei und dreizehn Jahren sehen durchschnittlich 100 Minuten täglich fern. Das ist eindeutig zu viel, Ihr Kind sollte deutlich weniger sehen!

Von Eltern wird heute erwartet, die Flut banaler, häufig grausamer und menschenverachtender Sendungen zu filtern. Tun Sie Ihr Bestes, aber lassen Sie die Programmgestalter nicht so einfach davonkommen. Schreiben Sie dem Sender, wenn Sie etwas unmöglich finden, und lassen Sie sich nicht einreden, Sie seien ein Spielverderber. Gefällt Ihnen ein

Programm, loben Sie. Wer heute gute Sendungen macht, kann jede Unterstützung gebrauchen.

Vertrauen Sie dem Vertrauen. Sie brauchen keine technischen Mätzchen wie Kindersicherungen und Geheimschalter im Keller, um Ihr Kind in Ihrer Abwesenheit vom TV fernzuhalten. Viel besser: Sagen Sie, was Sie erwarten, und vertrauen Sie. Sicher wird Ihr Kind der Versuchung, heimlich zu gucken, nicht immer widerstehen (wie war das, als Sie Kind waren?). Das ist menschlich. Es wird trotzdem kein Dauerglotzer werden.

Noch ein simplify-Prinzip: Fernsehen darf nur, wer gut drauf ist. Der Flimmerkasten als Trostpflaster ist tabu. Setzen Sie ihn nicht als Erziehungshilfe ein (Trickfilm als Belohnung oder TV-Entzug als Strafe).

Ein schönes simplify-Event an einem Wochenend-Nachmittag bei schlechtem Wetter ist gemeinsames Gucken mit der ganzen Familie, stilvoll zelebriert mit Getränken und Kommentaren. Das können Ereignisse werden, an die sich Ihre Kinder noch als Erwachsene gern erinnern.

DVDs und Videos sind prinzipiell noch besser als das laufende Fernsehprogramm. Kinder, die daran gewöhnt sind, einen schö-

nen Film öfter anzusehen, können enorm davon profitieren. Sie lernen Melodien und erweitern ihren Wortschatz. Nutzen Sie bei DVDs die Möglichkeit, den Film in der Originalsprache anzusehen. Sind die Dialoge dem Kind auf Deutsch vertraut, wird es einige englische Redewendungen ganz von selbst lernen. Das funktioniert bereits im Kindergartenalter.

Sehen Sie Medien als eine Kulturfähigkeit, die man erlernen muss und kann wie Lesen, Schreiben oder Rechnen.

Stille lernen Alleinsein und Stille genießen ist eine wichtige menschliche Fähigkeit. Ihr Kind lernt sie (wie fast alles andere auch) in erster Linie durch Ihr Vorbild. Genießen Sie mit Ihrem Kind »simplify-Momente«. Die entstehen fast von selbst, wenn Sie in Ihren Zeitplan ein paar »Luftblasen« einbauen: Rechnen Sie für den gemeinsamen Einkauf nicht eine, sondern zwei Stunden. Machen Sie einen Zwischenstopp in einem Park, einem Gebäude. Nehmen Sie sich die Zeit, die Wolken anzusehen und darin Figuren zu entdecken. Lassen Sie sich von der Atmosphäre einer Kirche anstecken, um Stille und Ruhe zu erleben. Auch die quirligsten Kinder sehnen sich nach solchen Gelegenheiten. Es ist wichtig, dass Ihr Kind Sie nicht nur als überlegenen Organisator erlebt, sondern auch einmal als Mensch, der zu meditativer Entspannung fähig ist. Vertrauen Sie darauf, dass sich in der geeigneten Umgebung Ihre innere Sammlung auf Ihr Kind überträgt.

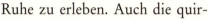

Planen Sie gemeinsame Abenteuer mit Phasen, in denen Ihr Kind auch eine gewisse Zeit mit sich alleine ist. Sie sitzen nichts tuend auf einer Bank, das Kind spielt mit Steinen. Bieten Sie ihm verschiedene Umgebungen, damit es seine Lieblingssituationen herausfinden kann: See, Meer, Fluss, Berge, Wald, Radfahren, Schwimmen, Sport, Malen, Musik, Theater, Museum.

Wie Ihr Kind die richtigen Freunde gewinnt

Hat Ihr Kind keine Freunde? Oder die falschen? Kaum ein Punkt in der Erziehung macht Eltern mehr Sorgen als die Gesellschaft ihrer Kinder, denn hier fühlen sie sich machtlos. In der Tat können Sie mit der falschen Reaktion Ihren Nachwuchs den »falschen Freunden« geradezu in die Arme treiben. Welchen Umgang Ihr Nachwuchs hat, können Sie aber durchaus beeinflussen. Bei Beachtung der folgenden einfachen Regeln lässt sich mehr zum Guten wenden, als Sie vielleicht ahnen.

Alarmzeichen Schweigemauer Wenn Ihr Kind nie von seinen sozialen Erlebnissen in der Schule erzählt, haken Sie wahrscheinlich nach, löchern es mit Fragen und kritisieren seine kargen oder ausweichenden Antworten. Das ist sinnlos, wenn Ihr Kind in seinen Beziehungen negative Erfahrungen gemacht hat und vielleicht ausgegrenzt oder gar angegriffen wird. Besser ist es, das Thema nicht direkt anzusprechen, sondern es lieber allgemein zur Sprache zu bringen. Erzählen Sie ihm von Ihren eigenen Erfahrungen. Machen Sie ihm klar, dass es ganz normal ist, auch einmal Außenseiter zu sein. Erzählen Sie eine Geschichte oder spielen Sie ihm abends eine entsprechende Situation mit Kuscheltieren vor. Seien Sie darauf gefasst, dass Ihr Kind seine Erlebnisse seinerseits auch mit Geschichten verfremdet.

Der starke Trost Die Situation: Ihr Kind berichtet weinend, wie fies die anderen Kinder zu ihm waren. Typische, aber falsche Reaktion: Sie lassen sich die ganze Geschichte erzählen und versuchen als eine Art Richter das Geschehene zu beurteilen. Besser: Mischen Sie sich nicht ohne Grund in die sozialen Beziehungen Ihrer Kinder ein. Trösten Sie Ihr Kind, ohne sich auf eine Seite zu schlagen. Eine Niederlage bei Popularitätswettbewerben ist für die Eltern meist schlimmer als für die Kinder. Es ist eine wichtige Erfahrung, sich aus sozialen Niederlagen wieder hochzurappeln. Ihr Kind sollte die Fähigkeit erwerben, sich mit denen, die es schlecht behandelt haben, wieder zu vertragen. Wenn Sie sich in den

Auseinandersetzungen zu sehr engagieren, sind Sie dabei eher hinderlich (»Was?! Mit *dem* verträgst du dich wieder?«).

Sicherheit hat Priorität Knifflig wird es, wenn andere Ihr Kind zum Beispiel zu einer gefährlichen Mutprobe herausfordern. Falsch wäre es, sofort die Schulleitung zu alarmieren und Konsequenzen zu fordern. Machen Sie lieber Sicherheit zu einem Topthema Ihrer Unterhaltung. Blocken Sie nicht ab, sondern sprechen Sie gefährliche Situationen bis zum Ende durch. Verdeutlichen Sie, dass Mutproben oder Gewalttätigkeiten niemals eine Freundschaft verstärken, sondern nur unangenehme Abhängigkeiten schaffen. Wenn Sie zusätzlich über offizielle Stellen intervenieren, tun Sie es nur in Übereinstimmung mit Ihrem Kind.

Keine vorschnellen Lösungen Die Situation: Ihr Sohn kommt nach Hause und erzählt weinend, dass er von seinen Kumpels ausgelacht wurde, weil er nicht bei einem gemeinsamen

Ladendiebstahl mitmachen wollte. Typische, aber falsche Reaktion: Sie sind entsetzt über den Umgang Ihres Kindes und verbieten ihm jeden Kontakt mit dieser Bande. Besser: Bieten Sie keine schnellen Lösungen, sondern hören Sie nur zu. Vertrauen Sie darauf, dass Ihr Kind selbst weiß, wie es sich in schwierigen Situationen zu verhalten hat. Ermutigen Sie es, das auch in die Tat umzusetzen. Stärken Sie bei Konflikten nicht Ihre Rolle als Eltern, sondern das Ich Ihres Kindes, indem Sie sagen: »Das war mutig von dir. Ich bin stolz auf dich.«

Eigenständigkeit fördern Angenommen, Ihre Tochter bringt Ihrer Meinung nach ausgesprochen unpassende Bekannte mit nach Hause. Verwickeln Sie die neuen Freunde nicht in ein Gespräch, bei dem klar wird, wie dumm oder schlecht erzogen sie sind. Weil sich Ihr Kind durch Ihre abfälligen Äußerungen dazu gezwungen fühlt, sich mit seinen Freunden zu verbünden (oder vor Scham im Boden zu versinken), erreichen Sie damit das Gegenteil von dem, was Sie wollten. Dringen Sie stattdessen zum guten Kern der unpassend wirkenden Freunde vor. Finden Sie heraus, warum Ihr Kind mit diesen Personen befreundet sein will. Damit fällt für Ihr Kind der Zwang weg, sich mit seinen neuen Kumpel zu solidarisieren. So verrückt es klingt: Erst durch Ihre Zuneigung bekommt es die Freiheit, falsche Freunde abzulehnen.

Sicherheitstraining für Kinder

Inzwischen geht Ihr Kind immer häufiger allein aus dem Haus. Es kennt den Schulweg, besucht Freunde und erledigt vielleicht schon kleine Einkäufe selbstständig. Zu den Gefährdungen durch den Straßenverkehr kommen viele diffuse Unsicherheiten. Aus der Presse erfahren Sie immer wieder furchtbare Dinge, die Kindern passieren. Zum simplify-Konzept gehört, dass Sie sich von solchen Meldungen nicht verrückt machen lassen, aber mit Ihrem Kind üben, wie es sich in unsicheren Situationen am besten verhält.

Gefahr im fremden Auto Ihr Kind darf nur in fremde Autos einsteigen, wenn der Fahrer oder die Fahrerin auf einer gemeinsam erstellten Liste der Mitfahrmöglichkeiten steht. Überlegen Sie in Ruhe mit Ihrem Kind, bei wem es in nächster Zeit mitfahren könnte. Grundsätzlich sollte es nie ohne Ihr Wissen in einem Auto mitfahren, und sei die Situation noch so aufregend! Das gilt ganz besonders, wenn sich jemand als Zivilpolizist ausgibt – ein beliebter Trick bei Übeltätern. Erklären Sie Ihrem Kind, dass echte Polizisten immer an ihrer Uniform und am Dienstwagen mit Blaulicht zu erkennen sind.

Vereinbaren Sie für alle Fälle ein geheimes Codewort mit Ihrem Kind. Manchmal ist es aus einem widrigen Umstand heraus nötig, dass es mit jemandem mitgehen oder im Auto mitfahren muss. Demjenigen sagen Sie das Codewort, und Ihr Kind kann sich auf den Helfer verlassen.

Ein gefährliches Detail ist der Griff auf dem Schulranzen. Immer wieder werden Kinder aus einem Auto heraus am Schulranzen gepackt, mitgezogen und können sich in dieser Situation nicht befreien. Schneiden Sie mit dem Einverständnis Ihres Kindes den Griff ab. Neuere Modelle haben den Tragegriff auf der dem Rücken des Kindes zugewandten Innenseite.

Wenn neben Ihrem Kind ein Auto mit verdächtigen Insassen hält und sich Ihr Kind an einen sicheren Ort flüchten will, sollte es sich immer umdrehen, entgegen der Fahrtrichtung rennen und Hilfe holen. In der Regel kann ein Auto nicht einfach problemlos wenden, und das Kind ist schneller in Sicherheit.

In der Falle Wird Ihr Kind in ein Auto gezerrt oder sonstwie bedroht, sollte es nicht einfach um Hilfe rufen, sondern schreien: »Hilfe, das ist nicht mein Vater/meine Mutter. Lassen Sie mich los!« So werden Außenstehende schneller aufmerksam, da sie nicht so leicht vermuten, dass jemand gerade sein Kind »erziehe«.

Wenn der Täter das Kind an den Haaren packt, hat es kaum eine Chance, sich zu wehren oder den Täter loszuwerden. Stattdessen sollte es mit beiden Händen übereinander fest auf die fremde Hand auf seinem Kopf drücken. Dadurch tut es nicht mehr weh, selbst wenn es an den Haaren hochgehoben werden sollte.

Hat sich Ihr Kind verlaufen oder steckt in irgendeiner anderen Klemme, sollte es nicht den nächstbesten Passanten ansprechen. Besprechen Sie mit Ihrem Kind, dass es stets »offizielle« Anlaufstellen benutzt – die Info-Zentrale oder eine Kasse im Supermarkt, Geschäfte, Arztpraxen, Schülerlotsen, Ämter usw. Überlegen Sie gemeinsam, welche solcher Anlaufstellen sich beispielsweise auf dem Schulweg anbieten. Vereinbaren Sie mit Ihrem Kind vor dem Verlassen des Hauses, auf welchem Weg es zu seinem Ziel geht. Nur so können Sie es finden, wenn etwas passieren sollte.

5-Punkte-Schema zum Hilfeholen Trainieren Sie mit Ihrem Kind Notsituationen. Wenn es in einer akuten Gefahr schnell Hilfe braucht (und keine Zeit mehr bleibt für »offizielle« Anlaufstellen), sollte es nicht in die Masse rufen, sondern einen Menschen konkret ansprechen: »Sie in der roten Jacke, bitte helfen Sie mir, meine Freundin hat sich ganz schlimm verletzt.«

Die schlimmste Gefahr: Ihr Kind wird dabei abgewiesen oder übersehen und gibt auf. Üben Sie mit Ihrem Kind daher das folgende bewährte Schema zum Hilfeholen. Am besten, Sie lassen es diese Sätze auswendig lernen:

1. »Ich habe Angst.«
2. »Bitte helfen Sie mir.«
3. Kurz die erlebte Geschichte erzählen.
4. »Bitte rufen Sie meine Eltern (einen Notarzt/die Polizei) an.«
5. Sollte die betreffende Person das Kind abwimmeln, kommt der letzte Punkt zum Einsatz: »Ich bestehe darauf, dass Sie mir helfen!«

Nur wenn selbst das nicht fruchtet, soll sich Ihr Kind an eine andere Hilfsstelle wenden. Unumgänglich ist es, dass Ihr Kind Ihre Telefonnummer auswendig kennt oder immer eine Visitenkarte von den Eltern mit dabeihat.

Gewalt unter Kindern Gefahr droht nicht nur von Erwachsenen, sondern häufig auch von Gleichaltrigen. Bringen Sie Ihrem Kind als Grundregel bei: Ausweichen ist besser als falscher Stolz. Wenn es von anderen (die stärker oder in der Überzahl sind) angepöbelt wird, soll es sich defensiv verhalten: auf Provokationen nicht eingehen, nichts erwidern, lieber müde und traurig gucken und ruhig weitergehen. Sieht es eine aggressive Situation kommen, muss es den Mut haben, auf die andere Straßenseite zu wechseln oder umzukehren, aber aufrecht und mit sicherem Schritt, als hätte es schon lange vorgehabt, dorthin zu wechseln. Schärfen Sie ihm ein: Konfrontationen gar nicht erst entstehen lassen. Der Kampf, der nicht stattfindet, ist der beste Kampf!

Vereinfachen Sie das Haustier

»Ich will einen Hund!« Früher oder später keimt bei fast jedem Kind der Wunsch nach einem Haustier auf. Der Kontakt zu Tieren ist ausgesprochen förderlich für die seelische Entwicklung Ihrer Kinder, steigert das Bewusstsein für Eigenverantwortung und das allgemeine Zusammengehörigkeitsgefühl der Fami‑

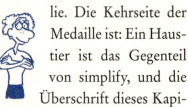

lie. Die Kehrseite der Medaille ist: Ein Haustier ist das Gegenteil von simplify, und die Überschrift dieses Kapitels ist ein Wunschtraum. Auch wenn Kinder hoch und heilig versprechen, dass sie selbst alles Nötige erledigen werden – die Betreuung während der Schulzeit, Tierarztbesuche, Futtereinkauf und die rechtliche Verantwortung (samt Kosten) bleiben an Ihnen hängen. Tierfachleute sagen, dass ein Kind sich frühestens ab acht Jahren selbstständig um ein Kleintier kümmern kann, um einen Hund frühestens ab zwölf.

simplify-Tipp: Bevor Sie einen Hund, Zwergkaninchen, Meerschweinchen oder was auch immer anschaffen, halten Sie sich ein Tier der gewünschten Gattung zur Probe. Irgendein Bekannter ist vielleicht froh, während der Urlaubszeit sein Häschen bei Ihnen in Pflege zu geben. Übertragen Sie während dieser Probierzeit Ihren Kindern schonungslos die gesamte Versorgung des Tieres, damit alle unter realistischen Bedingungen sehen, wie sie mit den zahlreichen neuen Pflichten zurechtkommen. Vor allem stellt sich heraus, ob eines Ihrer Familienmitglieder gegen den neuen Hausgenossen allergisch ist. Ein Hund als Untermieter für ein paar Wochen ist knifflig; da ist es gut, wenn Ihre Kinder mit dem Tier schon öfter einmal Gassi gegangen sind. Wenn ein Tierheim in der Nähe ist, können auch Kinder »Tierpaten« werden und »ihren« Hund regelmäßig ausführen.

Goldene Regeln für den Umgang mit Hunden Biss- und andere Verletzungen durch Hunde gehören zu den häufigsten Schäden, die bei den privaten Haftpflichtversicherungen gemeldet werden. Vermeiden Sie solche Probleme von vornherein, indem Sie Ihrem Kind die folgenden Verhaltensregeln im Umgang mit Hunden beibringen – sie gelten für das eigene Tier genauso wie für den aggressiven Zamperl vom Nachbarn. Die Regeln wurden vom Verband für das Deutsche Hundewesen erarbeitet, dem mit 650 000 Mitgliedern führenden Hundezüchter-Verein.

1. *Nie ohne zu fragen auf einen Hund zugehen.* Gerade Kinder sollten einem fremden Hund immer mit Vorsicht begegnen, auch wenn er noch so lieb aussieht. Sie können nicht wissen, welche Erfahrungen ein Hund schon mit Menschen gemacht hat. Vielleicht hat er noch ein schlechtes Erlebnis aus der Vergangenheit in Erinnerung, fühlt sich angegriffen und will sich verteidigen. Ihr Kind sollte daher vorher Herrchen oder Frauchen kontaktieren. Dann sollte es dem fremden Hund die Rückseite der eigenen Hand entgegenstrecken und ihn dran schnuppern zu lassen. Das Tier streicheln sollte man nur, wenn der Besitzer ausdrücklich dazu einlädt.

2. *Einem Hund nicht starr in die Augen sehen.* Einen dauerhaften Blickkontakt verstehen Hunde als Angriff. Wenn sich zwei fremde Hunde begegnen, müssen sie sich über ihre Rangordnung einigen. Dabei spielt der starre Blickkontakt eine wichtige Rolle: Wendet sich eines der Tiere ab, ist das andere zufrieden. Der Hund, der sich abgewendet hat, steht dem anderen in der Rangordnung nach. Wendet sich keiner ab, wird um den Rang gekämpft. Ein Hund könnte den starren Blick daher als Aufforderung zum Kampf auffassen.
3. *Finger weg vom Futternapf.* Niemals einen Hund beim Fressen stören! Fressen ist für jedes Tier mehr als nur Nahrungsaufnahme, es ist seine Intimsphäre. Jede Störung beim Fressen betrachtet es als Angriff. Ein Hund wird sein Futter mit allen Mitteln verteidigen.
4. *Abstand halten von den Zähnen.* Wenn Ihr Kind mit einem Hund spielt, sollte es seinen Zähnen nicht zu nahe kommen. Für

Hunde gibt es nichts Schöneres, als etwas zu fangen oder zu erjagen, es festzuhalten, spielerisch darum zu kämpfen und es zu verteidigen. Dabei kann es leicht passieren, dass das Tier im Eifer mit den Zähnen daneben schnappt. Das ist niemals böse gemeint, tut aber trotzdem weh.

5. *Laufen Sie nie vor einem Hund davon.* Ganz gleich, ob aus Angst oder aus Spaß: Wenn ein Kind vor einem Hund davonläuft, weckt es damit seinen Hetz- und Jagdinstinkt. Flößt der fremde Hund Angst ein, sollte Ihr Kind ruhig bleiben und bei Ihnen Schutz suchen. Gefährlich wäre es auch, vor dem Tier die Arme zu heben – einige Hunde verstehen das als Aufforderung zum Duell.

6. *Stillhalten, wenn ein Hund nach einem greift.* Diese Regel ist wohl am schwierigsten zu beherzigen, denn der spontane Impuls ist die Flucht. Ein Hund, der ein Kind festhält, will dadurch sicher vor ihm sein, mit ihm spielen oder ihm seine Stärke zeigen. Machen Sie Ihrem Kind deutlich: Krallen

und Zähne verletzen vor allem dann, wenn es versucht, sich aus Bellos Gebiss loszureißen. Also, auch wenn's schwer fällt: ruhig Blut!

7. *Kein Hund ist wie der andere.* Zwei Hunde, die gleich aussehen, können ganz verschieden sein. Finden Sie bei einem unbekannten Tier erst heraus, ob er Sie mag. In den meisten Fällen sind Hunde freundlich, wenn man ihnen nett begegnet. Wenn ein Hund einem Menschen unfreundlich begegnet, haben Menschen etwas falsch gemacht. Normalerweise sind die zahmen Nachfahren des Wolfs gute Kumpel.

Vereinfachen Sie die Schule

Die PISA-Studie hat gezeigt, wie erschreckend ineffizient das deutsche Schulsystem ist. Aufgrund seiner festgefahrenen Strukturen wird das wohl auch noch lange so bleiben, trotz guten Willens von allen Seiten. Hier ein paar Tipps, mit denen Ihr Kind auch inmitten der vielfältigen Zwänge unserer Schulen fröhlich und wirksam lernen kann.

Sich zum neuen Lernen entschließen Stellen Sie Ihr Kind vor die Wahl, ob es die in den letzten 20 Jahren neu entwickelten Methoden für leichteres Lernen nutzen will oder ob es lieber bei dem Standardangebot der Schule bleiben möchte. Das Lernen der Zukunft ist das Lernen ohne Lehrer, dafür aber mit Lernprogrammen, Internet, Musikunterstützung und Entspannungstechniken. Altes Lernen betrachtet Hausaufgaben als Plage und Strafe. Neues Lernen sieht Hausaufgaben als selbstständiges Lernen mit eigenem Equipment. Hier beginnt die Zukunft. Ein Beispiel: Es hat sich gezeigt, dass Lese-Rechtschreib-Schwäche erfolgreich bekämpft werden kann, wenn Kinder Texte von Hand *und* mit dem PC schreiben.

Hausaufgaben sollen nicht zum Stress werden. Wenn Sie Ihrem Kind allerdings endlos Zeit lassen, gewöhnt es sich nicht an die Zeitvorgaben, die bei jeder Prüfung in der Schule und auch später im Berufsalltag herrschen. Ermutigen Sie Ihr Kind, Freundschaft mit der Uhr zu schließen. Nennen Sie es aber nicht »Zeitdruck«, sondern sehen Sie es wie die Schwimmerin Franziska van Almsick: »Wer schneller schwimmt, hat schneller Pause.« Vereinbaren Sie einen Zeitpunkt, wann die Hausaufgaben fertig sein sollen. Ältere Kinder stellen sich diese Zeitvorgabe selbst.

Altes Lernen ist sehr systematisch: Sprachen gehören zusammen, dann Mathe und Physik, man lernt strukturiert der Reihe nach. Der Nachteil: Es werden nicht nur die Lerninhalte memoriert, sondern auch, an welcher Stelle sie im Buch standen. Kommen sie wie in der Wirklichkeit in völlig neuen Zusammenhängen vor, kennt man sich nicht mehr aus. Das neue Lernen ermuntert daher zum bunten Mixen. Ihr Kind sollte möglichst unähnliche Fächer hintereinander lernen, dann vermischen sich die Inhalte weniger.

Ein Lerntagebuch führen Erfolgreiche Nachhilfeorganisationen verpflichten ihre Schützlinge dazu, ein Tagebuch zu führen, das sie in die Schule mitnehmen. Das Buch hat drei Spalten: In die erste trägt das Kind nach jeder Stunde kurz ein, was die Klasse durchgenommen hat. Dabei soll es die Inhalte mit eigenen Worten formulieren – also nicht »Kapitel 5 im Workbook«, sondern »Worauf man bei if-Sätzen achten muss«. Die zweite Spalte heißt »Aha!« Dort schreibt das Kind auf, was es neu verstanden hat. Nach einiger Zeit wird es einen Blick für seine eigenen Fortschritte bekommen, was sehr motiviert. In die dritte Spalte namens »Hä?« notiert es, was ihm noch nicht klar ist. Aufgrund dieser Eintragungen kann Ihr Kind beim Lehrer nachfragen, sich mit Ihnen unterhalten oder sich an anderer Stelle die nötigen Informationen beschaffen (bei Freunden, im Buch, im Internet).

Besser mit den Lehrern kommunizieren Ein bewährter simplify-Trick: Ihr Kind sollte Prüfungen als Kommunikation zwischen sich und dem Lehrer betrachten. Ermutigen Sie es, unter eine Schulaufgabe eine persönliche Botschaft zu schreiben, eine aufmunternde

»Happy End«-Bemerkung für den Lehrer, eine Bitte oder eine Entschuldigung. Beispiele: »Das war wohl  nichts. Das nächste Mal mache ich's besser!« – »Ich habe dieses Mal wie verrückt gelernt. Hoffentlich ist das zu merken!« Damit wird aus der kühlen Testsituation eine menschliche Begegnung.

Kommunizieren auch Sie auf unkomplizierte Weise mit den Lehrkräften. Schreiben Sie eine freundliche oder erklärende Botschaft auf einen Post-it-Zettel und kleben Sie ihn ins Heft oder auf die korrigierte Schulaufgabe Ihres Kindes.

Schülerinnen und Schüler sollten ihr Interesse am gerade behandelten Stoff zeigen, indem sie Bücher, Poster, Videos usw. dazu in den Unterricht mitbringen. Selbst wenn der Lehrer mit banalen Begründungen wie »Keine Zeit, wir müssen weiter im Stoff« nicht darauf eingeht, so sieht er doch das Engagement. Wenn Ihr Kind ein paar Mitstreiter gewinnt, kann es dem Lehrer Themen vorschlagen, die die Kinder interessieren. Lehrer gehen auf ernsthafte Vorschläge weit mehr ein, als Schüler ahnen!

Ist Ihr Kind in einer Klasse gelandet, in der Mitarbeiten out ist (oft nur wegen einigen wenigen negativen Meinungsmachern), kann es eine Gegenbewegung gründen. Wenn es mit ein paar Freunden positive Beiträge im Unterricht liefert, kann das Klima innerhalb kurzer Zeit umschlagen. Der Lehrer reagiert weniger feindselig, und am Ende machen sogar die notorischen Miesmacher unter den Schülern mit.

Regen Sie beim Klassenlehrer an, dass die Kinder ähnlich wie in Firmen Verbesserungsvorschläge machen dürfen. Eine Pinnwand im Klassenzimmer bietet jedem Raum für seine schriftlich fixierten Vorschläge, die dann gemeinsam diskutiert werden.

Eine ganz besonders viel versprechende simplify-Idee ist die Gründung eines Elternstammtischs. Das lockere Gespräch über die Freuden und Probleme in Sachen Schule ist einfacher und bringt mehr Resultate als die behördlich organisierten Elternbeiräte.

Sind solche Treffen erst einmal etabliert, können Sie auch die eine oder andere Lehrkraft dazu einladen und den Gemeinschaftsgeist in einer Schulklasse stark verbessern.

Durchschauen Sie das Unter-/Überforderungs-Syndrom Allgemeine Regel des deutschen Schulalltags ist leider: Die Schule überfordert die Schüler, was ihre theoretischen Fähigkeiten betrifft, und unterfordert sie bei den praktischen. Komplizierteste englische Grammatik, beispielsweise die indirekte Rede in der zweiten Vergangenheit, wird anhand von öden Geschichtchen über Schulausflüge und die Vegetation des schottischen Hochlands behandelt. Warum nicht einmal einen interessanten Artikel über aktuelle Internet-Trends oder US-Promi-Klatsch? Das wäre unterhaltsamer und wirklichkeitsnäher. Bei den Sprachen ist der Wortschatz in den Schulbüchern zudem oft ziemlich veraltet. Ermutigen Sie Ihre Kinder, immer wieder über den Lehrplan hinauszugehen und aktuelle Themen in den Unterricht einzuschleusen. Dann wird es für alle Beteiligten interessanter.

Prüfungsangst abbauen Was früher erst im Gymnasium oder anderen weiterführenden Schulen auftrat, findet sich mittlerweile bereits in der Grundschule: Katastrophenfantasien der Kinder vor Prüfungen. Wenn sie erst einmal da sind, lassen sie sich nicht wirklich verhindern. Aber Sie können Ihrem Kind helfen und mit ihm üben, jedem Angst auslösenden Gedanken einen hilfreichen Gedanken entgegenzusetzen. So bekommt es seine negativen Gefühle besser in den Griff. Hier ein paar Beispiele:

- Angstauslösender Gedanke: Ich muss die Prüfung bestehen, sonst ist alles aus. Hilfreicher Gedanke: Ich habe mich vorbereitet. Es wäre schade, wenn es nicht klappen würde, aber ich habe noch andere Möglichkeiten. Ich kann damit weiterleben.
- Angstauslösender Gedanke: Ich darf nicht rot werden oder stottern. Hilfreicher Gedanke: Der Lehrer weiß, dass ich aufgeregt bin. Er darf das auch ruhig merken.

- Angstauslösender Gedanke: Ich darf keinen Fehler machen. Hilfreicher Gedanke: Fehler sind kein Beinbruch. Deshalb falle ich nicht gleich durch die Prüfung. Ich bereite mich vor, so gut ich kann, und gebe mein Bestes.
- Angstauslösender Gedanke: Ich bekomme einen Aussetzer und weiß dann gar nichts mehr. Hilfreicher Gedanke: Wenn mir das tatsächlich passiert, bitte ich »Könnten Sie die Frage noch einmal wiederholen?« oder sage wahrheitsgemäß »Ich habe im Augenblick den Faden verloren.« Bei einer schriftlichen Prüfung gehe ich zur nächsten Aufgabe oder atme tief durch.

Bringen Sie Ihrem Kind für solche Fälle eine Entspannungsübung bei: Eine Hand unterhalb des Bauchnabels auf den Bauch legen. So tief einatmen, dass es mit seiner Hand fühlen kann, wie die Bauchdecke hoch geht. Dann den Atem bei jedem Ausatmen langsam ausströmen lassen. Wer Angst hat, atmet zu flach. Tief durchatmen hilft dagegen. Damit es sich in der Not daran erinnert, legen Sie Ihrem Kind ein Kärtchen mit dem Wort »Atmen!« ins Federmäppchen. Oder Sie verstecken dort einen Zettel mit einer Mut machenden Botschaft (»Du schaffst es! Deine Mama.«) – hätte Ihnen das als Kind nicht auch geholfen, wenn Ihre Mutter Ihnen so etwas einmal geschrieben hätte?

Einen Trampelpfad schaffen Wenn Sie einmal in der Woche über eine Wiese gehen, werden Sie dort keine Spuren hinterlassen, weil sich das Gras immer wieder aufrichten kann. Erst wenn Sie täglich denselben Weg gehen, schaffen Sie einen Trampelpfad, und das Gehen wird immer leichter. Schüler alten Stils sagen: »Heute hatten wir aber gar kein Englisch.« Wenn sie das neue Lernen begriffen haben, werden sie ganz von selbst jedes Fach jeden Tag kurz streifen, völlig losgelöst vom Stundenplan.

Vermeiden Sie als Eltern von Anfang an übermäßige Hilfe bei den Hausaufgaben, sonst vermitteln Sie Ihrem Kind den Eindruck, dass es wichtige Herausforderungen nur mithilfe anderer schaffen könne.

Kärtchen von Anfang an Eigentlich ist das System mit den Kärtchen eine simplify-Methode zum Pauken von Vokabeln, aber es eignet sich für praktisch jeden Lerninhalt. Je früher Sie es Ihrem Kind beibringen, um so besser. Damit zeigen Sie Ihrem Kind auch von Anfang an, dass es zum Lernen eigene Methoden verwenden kann und sich nicht auf den traditionellen Weg festlegen lassen muss, der von den Lehrkräften empfohlen wird.

Legen Sie sich einen großzügigen Vorrat von kleinen Karteikärtchen im Format DIN A7 zu. Auf die eine Seite kommt das »Rätsel«, auf die Rückseite die »Auflösung«. Vorne zeichnet das Kind beispielsweise eine Blattform, und hinten steht »Buche«. Die Karten eines Stapels lernt Ihr Kind hintereinander weg. Wenn es eine Karte gewusst hat, kommt sie auf den »Weiß ich«-Stapel, der Rest auf den »Weiß ich noch nicht«-Stapel. Ist das

Kind mit allen Karten durch, mischt es den »Weiß ich noch nicht«-Stapel, damit es sich die Lerninhalte nicht in einer bestimmten Reihenfolge einprägt. Nach einer Pause kommt der nächste Durchgang. Durch das Umdrehen des Stapels lässt sich die Lernrichtung ändern (»Wie sieht ein Buchenblatt aus?«).

So lassen sich auch dickste Stapel in mehreren Durchgängen reduzieren, alter Lernstoff kann schnell wieder aufgefrischt werden, und es muss immer nur das gelernt werden, was man noch nicht weiß. Extra-Vorteil: Durch das Wachsen des »Weiß ich«-Stapels sieht Ihr Kind auf eindrucksvolle Weise, was es schon alles im Gedächtnis behalten kann. Das motiviert!

Bei besonders hartnäckigen Inhalten, die einfach nicht in den Kopf wollen, fügen Sie auf das Kärtchen eine Eselsbrücke hinzu, etwa ein Symbol, einen Beispielsatz oder einen selbst erfundenen Merkvers. Keine Hemmungen, auch wenn die Merkhilfen etwas eigenartig geraten – Hauptsache, sie funktionieren!

Leselust wecken Kinder, die gerne und viel lesen, haben bedeutende Lernvorteile in der

Schule. Es lohnt sich darum immer, ihre Leselust zu fördern. Wenn Sie bei der morgendlichen Zeitungslektüre  etwas Kurioses entdecken, lesen Sie Ihrem Kind den Anfang vor und lassen es selbst weiter lesen. Sorgen Sie dafür, dass Ihr Kind Spezialgebiete (Sport, Ballett, Neuheiten der Computertechnik) entwickelt und versorgen Sie es mit Lesestoff dazu aus der Zeitung oder aus Zeitschriften.

Machen Sie Ihr Kind so früh wie möglich zu einem regelmäßigen Benutzer der örtlichen Bücherei – natürlich mit eigenem Ausweis. Ermuntern Sie es, zum Schulstoff passende Bücher zu lesen und damit auch langweiligen Lehrplänen einen eigenen, positiven Aspekt abzugewinnen. simplify heißt immer: Tun statt erleiden, leben statt gelebt-werden, lernen statt sich-etwas-beibringen-lassen. Untersuchungen haben gezeigt, dass Lesen eine Nachahmungstätigkeit ist. Das bedeutet, dass Kinder nur lesen, wenn ihre Eltern das auch tun. Lassen Sie sich also auf die Lektüre Ihrer Kinder ein, lesen Sie in deren Lesebüchern und unterhalten Sie sich darüber. Damit verschaffen Sie Ihrem Kind einen gewaltigen Vorsprung gegenüber denen, deren Eltern uninteressiert bleiben.

Machen Sie Ihren Kindern bewusst, dass hinter ihren Lieblingsbüchern Autoren stehen, die all die wunderbaren Geschichten erfunden haben. Größere Kinder können sich im Internet auf die Suche nach Wissenswertem über den Autor machen. An einem Extra-Feier‑

tag zu Ehren der literarischen Freunde und ihrer Erfinder können aber auch schon die Kleinen ihren Spaß haben. Wie wäre es mit einem Pippi-Langstrumpf-Tag am 14. November, dem Geburtstag von Astrid Lindgren? Zwei verschiedenfarbige Strümpfe tragen, rückwärts gehen üben, für die besten Freunde Pfefferkuchen backen, als Sachensucher in den Wald gehen und Schätze in alten, morschen Baumstümpfen entdecken und abends glücklich im Bett verkehrt herum einschlafen …

Land der Woche Wenn der Schulstoff nicht genügend Motivation zur Wissenserweiterung hergibt, können Sie mit einem Spiel das

Allgemeinwissen Ihrer Familie steigern. Lassen Sie Ihre Kinder abwechselnd ein Land bestimmen, mit dem sich alle eine Woche lang beschäftigen. Zeigen Sie Ihren Kindern, wie sie in der Bücherei oder im Internet über eine Suchmaschine an Informationen kommen können. Wie Reporter versuchen nun alle, etwas über Größe, Einwohnerzahl, Geschichte, Bräuche, Sprache, Literatur, Musik, Sport, Essensgewohnheiten usw. dieses »Landes der Woche« herauszufinden und den anderen davon zu berichten.

Schreibtraining Schreiben bedeutet zum einen »Buchstaben auf Papier zu bringen« und zum anderen »eigene Texte zu erfinden«. Dabei ist es ähnlich wie beim Lesen: Schreiben sollte nicht nur in der Schule und bei den Hausaufgaben vorkommen, sondern auch im richtigen Leben. Ver-

C   The stolen bike

1. All the children in   class   the cycle test easily. "   have a party," cried Ben. So they all   to a chip shop and had a great time
It was almost six   when they left.
      David shouted, "Hey, my bike? Has   taken it?"
"No, I haven't," they   answered.
"I've   everywhere, but it's   here," he said.
"   has stolen it.   am I going to do?"
"You   report it to the   immediately," Barbara. "Let's   together."
At the police   David told the policeman   about   bike.

97

einfachen Sie sich Ihr Leben, indem Sie die Schreibkunst Ihrer Kinder nutzen! Machen Sie Ihr Kind zum Sekretär, indem es Ihre Einkaufsliste notiert, oder zum Reporter, indem es Ihnen eine Geschichte erzählt, die Sie für den Brief an Tante Berta aufschreiben.

Zum Trainieren der Rechtschreibung basteln Sie selbst Lückentexte: Kopieren Sie die Lesetexte der aktuellen Lektion im Lehrbuch, am besten mehrfach. Löschen Sie darin dann willkürlich Wörter mit Tipp-Ex oder weißem Korrekturband – anfangs nur wenige, später mehr. Ihr Kind soll dann die fehlenden Wörter einsetzen – erst mündlich, dann schriftlich. Das macht das Lesen kurzweilig und ist zugleich ein gutes Training, Wörter im Textzusammenhang zu verwenden.

Kinder und Handys

Die wunderbare Technik des tragbaren Telefons verführt dazu, unscharfe Abmachungen zu treffen und sich ständig in einer gegenseitigen Wartestellung zu halten. Machen Sie es lieber wie früher: Verabreden Sie exakte Termine, wann Ihr Kind wieder zu Hause sein soll. Wenn es ein Handy dabei hat, sollte es nur benutzt werden, wenn etwas Unvorhergesehenes dazwischenkommt.

Machen Sie sich und Ihrem Kind klar, dass telefonische Kontakte Zeit kosten, aber trotzdem weniger Gewicht haben als direktes Zusammensein. Vor allem Handygespräche sind oft keine echte Kommunikation, sondern lediglich Selbststabilisierung (»Ich bin jetzt hier, was machst du gerade?«). simplify-Tipp: Betrachten Sie das Handy in erster Linie als tragbare Telefonzelle – also mehr ein Gerät zum Anrufen als zum Angerufenwerden. Vereinbaren Sie, wann sich Ihr Kind über das Handy bei Ihnen melden soll, damit Sie sich keine Sorgen machen. Widerstehen Sie der Versuchung, es durch dauernde Anrufe an die unsichtbare Leine legen zu wollen.

Familienleben
(für Kinder jeden Alters)

Eine Familie ist, selbst wenn sie nur aus einer Mutter und einem Kind besteht, immer ein Organisationswunder. Jeder hat Termine und Verpflichtungen, geplante und unvorhergesehene. Es gibt Krankheiten, Unfälle, Schulstress, Versetzungsgefahr, Liebeskummer, Rechnungen, Briefe vom Finanzamt und von der Kindergeldkasse … eine Unmenge von Aufgaben und möglichen Pannen.

Der zentrale Familienplaner Hängen Sie einen großen Kalender an einer zentralen Stelle der Wohnung auf, am sinnvollsten in der Nähe des Telefons, weil die meisten Verabredungen telefonisch vereinbart werden. Hier tragen alle ihre familienrelevanten Termine ein, zum Beispiel Elternsprechtage, schulfreie Tage, Klassenausflüge, Nachhilfestunden, Musikunterricht, Sportevents, Verwandtenbesuche und Geburtstage.

Vermeiden Sie Stress beim Essen Bei kleinen Kindern ist Kleckern normal. Kommentieren Sie es nicht andauernd negativ, und versuchen Sie nicht, jeden Fleck im Voraus zu verhindern. Das bremst sonst die Lust am Essen und an der Tischgemeinschaft. Greifen Sie lieber auf praktische Lösungen zurück: Lätzchen, abwischbare Tischsets und ausgießsichere Tassen.

Lange Mahlzeiten machen Kinder ungeduldig. Kleine Kinder können Sie am Tisch sitzen lassen, wenn Sie ihnen nach dem Essen etwas zum Spielen geben. Größere Kinder sollten, wenn sie mit ihrem Essen fertig sind, noch kurz am Tisch sitzen bleiben, um die Tischgemeinschaft zu lernen. Nach ein paar Minuten dürfen sie aber vorzeitig aufstehen und in die Spielecke oder ins Kinderzimmer gehen. Bringen Sie Ihren Kindern bei, dass sie zuvor fragen, etwa »Danke für das Essen. Darf ich aufstehen?« Wenn Ihr Kind diesen schönen Satz auch sagt, wenn es bei anderen Leuten eingeladen ist, sammeln Sie enorm Punkte für Ihren wohlerzogenen Nachwuchs!

Wenn ein Kind kaum oder nichts essen will, kann es die Mahlzeit auslassen. Bis zur nächsten gibt es aber nichts zu essen – außer Obst. Kritisieren Sie nicht permanent das Essverhalten (Schmatzen, Kleckern, Reden mit vollem Mund). Kontrollieren Sie nicht ständig die Menge und Qualität dessen, was das Kind isst – besonders wichtig ist dieser Hinweis für Eltern, die auf gesunde Kost achten. Das Essen wird sonst für Ihr Kind zum Streikthema, und die gut gemeinte Ernährungserziehung schlägt ins Gegenteil um: heimliche Fastfood-Orgien mit Freunden, im Extremfall später Essstörungen wie zum Beispiel Magersucht.

Lustvoll zu essen und mit dem Essen zu spielen, macht Kindern Spaß. Kochen Sie einmal in der Woche ein »Panschessen«, und erlauben Sie den Kindern, verrückte Kombinationen auszuprobieren: Apfelmusgesichter auf den Pfannkuchen, Tiere aus Kartoffelbrei. Kochen Sie einmal pro Woche ein Lieblingsessen Ihres Kindes, und lassen Sie es weitere Vorschläge für den Speiseplan machen.

Geben Sie jedem Kind die Möglichkeit, bei Tisch mitzureden und zu erzählen. Zeigen Sie Interesse, aber fragen Sie die Kinder nicht ständig aus. Erzählen Sie auch von sich. Schulische und andere Probleme besprechen Sie bitte nicht beim Essen. Sorgen Sie dafür, dass sich alle auf die gemeinsamen Mahlzeiten freuen. Das ist auf Dauer gesünder als die ausgewogenste Naturkost.

Vereinfachen Sie die Kommunikation

Die simplify-Regel zur Vermeidung von Ärger und Missverständnissen lautet: Verlernen Sie das Beurteilen. Um aufreibende Streitereien zu vermeiden, sind eine offene Sprache ohne Vorwürfe und eine verständnisvolle Art des Zuhörens notwendig. Das lässt sich relativ schnell erlernen, wenn Sie die folgenden zwei Grundsätze bei der Kommunikation beachten:

Sagen Sie »ich« statt »du« Sprechen Sie in klaren Ich-Botschaften. Demonstrieren Sie nicht Ihre Macht, um Kinder zu etwas zu bewegen. Drücken Sie Ihre Gefühle und Bedürfnisse klar erkennbar aus. Eine Ich-Botschaft ist immer eine Mitteilung über Sie selbst. Stimmt Ihre Aussage mit Ihrem Empfinden überein, wirken Sie für Ihr Kind glaubwürdig. Verstecken Sie sich dabei nicht hinter unklaren Formulierungen. Sagen Sie statt »Man könnte eigentlich schon sagen, dass …« lieber direkt »Ich finde die Aufgaben, die dir dein Lehrer gegeben hat, absolut gerecht.«

»Du-Botschaften« sind meistens Beurteilungen und Bewertungen anderer Personen. Bei einem Du-Satz stellen Sie sich vor, was im anderen vorgeht. Aber häufig liegen Sie damit daneben und Sie rufen Verletzung und Zurückhaltung hervor, denn niemand will beurteilt und in eine Schublade gesteckt werden. Selbst lobende Aussagen wie »Du bist immer so nett« können bereits als Urteil oder Manipulation wirken. Formulieren Sie es als Ich-Botschaft, und schon funktioniert es: »Ich mag die Art, wie du andere behandelst.«

104

Lassen Sie Ihre Empfindungen einfließen – auch die negativen. Sagen Sie nicht »Du bist so unordentlich! Räum endlich deine Sachen vom Fußboden! Du willst mich wohl ärgern!«, sondern bringen Sie Ihre Gefühle zum Ausdruck: »Mich stören deine Sachen auf dem Fußboden, ich habe hier gerade erst aufgeräumt.« Wichtig ist, dass Sie das Verhalten des anderen nicht bewerten, sondern frei von Vorwürfen darstellen, wo für *Sie* das Problem liegt.

Lernen Sie aktives Zuhören Beugen Sie Missverständnissen vor, indem Sie zurückmelden, was Ihr Kind Ihnen wohl sagen und welche Gefühle es ausdrücken wollte. Wenn Ihr Kind fragt: »Wann ist das Essen fertig?«, kann das verschieden verstanden werden. Fragen Sie: »Du hast wohl Hunger?« oder: »Willst du noch etwas spielen?« Damit klären Sie das Anliegen Ihres Kindes und müssen nichts in seine Worte hineininterpretieren. Beurteilen Sie dabei niemals seine Gefühle.

Wenn Kinder Probleme haben, ist aktives Zuhören besonders hilfreich. Es kann ihnen helfen, Verunsicherungen auszudrücken und eigene Lösungen zu erarbeiten. Lassen Sie vor allem Ihr Kind reden, aber melden Sie seine Botschaft immer mit anderen Worten zurück, um sich zu vergewissern. Hilfreiche Formulierungen sind dabei: »Du denkst …, mit anderen Worten …, du bist also unzufrieden, traurig, wütend …«

Kind: »Die Lehrer spinnen völlig. Jeder denkt, wir müssten nur für sein Fach lernen.«

Vater: »Du bist also sauer über die Menge der Hausaufgaben.« Diese Art des Zuhörens vermittelt Kindern die Erkenntnis: Meine Gefühle sind gut. Ich darf sie haben. Wenn Sie Ihrem Kind durch aktives Zuhören zeigen, dass *Sie* seine Empfindungen ernst nehmen, helfen Sie *ihm* ebenfalls, sie anzunehmen. Vermeiden Sie Ratschläge wie »Ich an deiner Stelle würde …« Auch Moralpredigten nach dem Motto »Das Leben ist nun mal kein Zuckerschlecken« oder beruhigende Sätze wie »In ein paar Jahren wirst du darüber lachen«

führen von den Gefühlen des Kindes weg und wieder hin zu Ihnen, dem Erwachsenen. Das ist der Grund, warum viele Eltern- und Lehrerbotschaften auf Jugendliche so abstoßend wirken.

Entschärfen Sie Familienkonflikte

Die beschriebenen zwei Kommunikationsregeln (ich statt du, aktives Zuhören) sind besonders hilfreich, wenn es wirklich in der Familie kracht. Zur Lösung von Konflikten ohne Gewinner und Verlierer eignet sich der Problemlösungsprozess nach Thomas Gordon. Gibt es einen schweren Konflikt zu klären, ist ein Detail ganz wichtig: Laufen Sie nicht wild durch die Gegend und hindern Sie auch Ihre Kinder daran, einfach davonzurennen. Setzen sich im Kreis zusammen, am besten um einen Tisch. Dann gehen Sie das Thema genau in den folgenden Schritten durch:

- *Definieren Sie das Problem.* Jeder fasst seine Bedürfnisse in Ich-Botschaften zusammen: »Mich ärgert es, wenn du deinen Teller nicht leer isst und zwischen den Mahlzeiten Süßes naschst.« »Ich finde es total unfair, dass ich weniger Taschengeld bekomme als mein Freund Simon.« Die Zuhörenden fragen aktiv nach, um das Problem genau zu begreifen. Vergewissern Sie sich, dass nichts vergessen wurde.

- *Suchen Sie Lösungen.* Veranstalten Sie ein gemeinsames Brainstorming. Notieren Sie alle Lösungen, die Ihnen und Ihren Kindern einfallen, ganz egal, ob sie realisierbar scheinen oder nicht. Alles ist erlaubt: Mittagessen abkürzen oder ausfallen lassen, Speiseplan gemeinsam entwickeln, Obst anstelle von Süßem zwischendurch, Nachmittagsmahlzeit einführen, … Die wichtigste Regel beim Brainstorming ist, dass alle Ideen zunächst ohne jede Wertung bleiben.
- *Werten Sie die Lösungen aus.* Überprüfen Sie die Lösungen, die machbar erscheinen. Beachten Sie dabei auch nonverbale Mitteilungen Ihres Kindes, ob es eine Lösung akzeptiert. Dann entscheiden Sie sich gemeinsam für eine Lösung, die alle akzeptie-

ren können – und am besten eine, bei der jeder ein paar Federn lassen muss. Besprechen Sie alle Details der Lösung, damit sie jeder auch richtig verstanden hat. Halten Sie die ausgewählte Lösung schriftlich fest.

- *Planen Sie die Durchführung.* Entscheiden Sie gemeinsam, wer was bis wann getan haben soll. Machen Sie das Ganze überprüfbar, wie einen kleinen Vertrag. Hängen Sie das Ergebnis für alle sichtbar auf, etwa am Kühlschrank. Legen Sie einen Zeitpunkt fest, an dem Sie gemeinsam entscheiden, ob der gefundene Kompromiss funktioniert. Entwickeln Sie dann gegebenenfalls noch einmal eine neue Lösung. Der positive Nebeneffekt dieser Strategie ist eine Art Grundkurs in Sachen Demokratie. »Machtworte« der Eltern haben auf Dauer dabei ebenso wenig eine Chance wie die stumme Dauerverweigerung der Kinder, die sich nicht mehr an Absprachen »erinnern«. Nun hängen sie schwarz auf weiß am Kühlschrank.

Ruhig werden, wenn es kracht Kinder können einen ganz schön provozieren. Manchmal ist ein Kind aber auch verstört, weil es den Aggressionen anderer Kinder ausgesetzt war, oder Sie selbst sind ausgepowert und Ihr Kind wird unfreiwillig zur Zielscheibe für Ihren Frust. Deshalb brauchen Eltern Strategien, mit denen sie in solchen kritischen Situationen für Entspannung und Ruhe sorgen können. Naomi Drew, eine amerikanische Expertin für »Peaceful Parenting« hat ein Programm entwickelt, mit dem Sie in drei Schritten den Druck aus einer angespannten Situation nehmen können. Es ersetzt nicht die Konfliktbearbeitung, schafft aber ein ruhigeres Feld, um anschließend das aufgetretene Problem zu verstehen und zu lösen.

- Schritt 1: Entwickeln Sie ein *Ritual*, das *Sie selbst* in einer aufgeladenen Situation beruhigt. Sagen Sie Ihrem Kind, dass Sie sich eine kurze Auszeit nehmen müssen, um wieder ruhig zu werden oder einen klaren Kopf zu bekommen. Ein paar Beispiele: Gehen Sie zum Fenster, schauen Sie hinaus und zählen Sie langsam bis 30. Oder legen Sie die

Hände auf den Bauch, atmen Sie ruhig in den unteren Bauchraum und wiederholen Sie dabei innerlich den Satz: »In der Ruhe liegt die Kraft«. Oder trinken Sie ganz langsam in kleinen Schlucken ein Glas Wasser. Anschließend wenden Sie sich wieder Ihrem Kind zu.

- Schritt 2: Überlegen Sie zusammen mit Ihrem Kind, was *ihm* hilft, sich bei Wut und Ärger zu entspannen. Zum Beispiel: Eine beruhigende Melodie hören. Sich das Gesicht und die Hände mit Wasser kühlen. Mit dem Haustier schmusen oder ein Kuscheltier umarmen. Mit Knete spielen. Für ganz Kleine ist es besonders entspannend, in den Arm genommen und geschaukelt zu werden. Erkaufen Sie sich Ihre Ruhe nicht mit Süßigkeiten, Fernsehen oder Geld. Das hilft Ihrem Kind nicht, konstruktiv mit einer Stresssituation oder einem Konflikt umzugehen.
- Schritt 3: Schlagen Sie Ihrem Kind vor, sich mit einem *gemeinsamen symbolischen Akt* gegen aggressive Energie von außen zu schützen. Dadurch erlernt es einen Weg, Ärger, Hass oder Wut et-

was entgegenzusetzen. Besprechen Sie das in einem entspannten Moment, also nicht unmittelbar nach einem Wutanfall. Einige Beispiele: Das Kind schließt die Augen und stellt sich vor, einen Schutzschild aus Licht und Liebe um sich zu haben, an dem Ärger und Wut abprallen. Oder Sie nehmen ein wohlriechendes Massageöl und fragen Ihr Kind, wo es sich verletzlich fühlt. Salben Sie die betroffenen Körperstellen mit einem Tupfer Öl sanft ein und bringen Sie Ihrem Kind einen schützenden Satz dazu bei (etwa »Ich schütze meine Ohren, wenn jemand etwas Gemeines zu mir sagt«).

Vereinfachen Sie Ihren Familienurlaub

Gemeinsam etwas Schönes zu erleben, ist für die meisten Eltern das innere Leitbild für Urlaub. Vor allem kleinere Kinder aber wissen die Vorzüge eines Ferienortes oft gar nicht zu schätzen. Sie interessieren sich selten für kulturelle Sehenswürdigkeiten und schöne Landschaften. In der ungewohnten Umgebung des Urlaubslandes rücken sie den Eltern meist näher auf die Pelle als zu Hause. Planen Sie daher möglichst einen Urlaub, bei dem Ihre Kinder einige Stunden pro Tag ohne Sie sein können. Spezielle Kinderhotels und -ferienanlagen bieten Betreuung für kleine Kinder ab drei Jahre, zum Teil sogar während des Abendessens. Ein stilvolles Dinner ohne Kinderfüttern ist für Eltern ein echtes Fest! Führendes Reiseland in dieser Beziehung ist Österreich.

Buchen Sie gemeinsam Der Albtraum jedes Familienvaters: Ein Hotelzimmer mit schlechten Betten, direkt zwischen Hauptstraße und Disco, weit entfernt vom Strand, der zurzeit algenverseucht ist, und dazu der Chor der Familie: »Was hast *du* dir denn da andrehen lassen!« Die gute Tat, sich mit der Planung, dem Prospektewälzen und dem Reisebüro herumgeärgert zu haben, wird so zum Fluch. Treffen Sie daher niemals einsame Entscheidungen, sondern beziehen Sie alle Urlaubsteilnehmer von Anfang an in die Planung mit ein.

Um herauszufinden, was Ihre Familie wirklich will, eignet sich die Bild-Methode: Fragen Sie jeden, welches ideale Urlaubsbild er sich erträumt, ganz lebendig und plastisch. Erkunden Sie dann, wie Sie auf dem einfachsten Weg zu einer entsprechenden Umgebung gelangen. Wenn beispielsweise alle von einer malerischen Meeresbucht träumen, gibt es die auf einer griechischen Insel preiswerter und leichter erreichbar als auf Tonga oder Samoa.

Vermeiden Sie sinnlose Souvenirs Nach dem Urlaub droht meist neuer Stress: Wohin mit all den Mitbringseln? Eine bewährte simplify-Idee: Geben Sie jedem Kind eine »Reiseschatzkiste«, in der es Erinnerungsstücke sammeln kann. Nur was in die Kiste passt, darf mit nach Hause kommen, wo es noch eine Zeit lang gehütet wird. Spätestens nach dem nächsten Urlaub verlieren die Dinge ihre Faszination und können entsorgt werden.

Fliegen ohne Stress Für eine Flugreise braucht Ihr Kind bequeme Kleidung. Durch das beengte Sitzen kann es beim Essen und Trinken schnell Flecken geben. Ziehen Sie Ihrem Kind also lieber Sachen an, auf denen Flecken nicht so leicht auffallen. Im Flugzeug wird es Kindern wegen der Klimaanlage schnell kühl, besonders an den Fensterplätzen. Nehmen Sie deshalb einen warmen Pulli im Handgepäck mit, außerdem Spielzeug, Malsachen, Bilderbücher zum Vorlesen und das Schmusetier. Je jünger Ihr Kind ist, desto mehr müssen Sie es während des Fluges sinnvoll beschäftigen können.

Ein häufiger Fehler bei längeren Flugreisen ist das Herumsitzen vor dem Einsteigen. Nutzen Sie die Zeit vor der langen Bewegungslosigkeit im Flieger, um sich die Beine zu vertreten, und lassen Sie vor allem Ihre Kinder herumtollen.

Gegen den für Kinder besonders schmerzhaften Druck in den Ohren geben Sie ihnen während der Start- und Landephase Kaugummi zu kauen, bei Kleinkindern helfen Gummibärchen. Babys können sie in dieser

Zeit die Nuckelflasche mit Tee oder den Schnuller geben. Um die niedrige Luftfeuchtigkeit an Bord auszugleichen, sollte Ihr Kind viel trinken. Am besten sind Apfelschorle oder Wasser geeignet. Cola hingegen entzieht dem Körper mehr Flüssigkeit, als sie ihm zufügt, und ist darum an Bord doppelt unsinnig.

Lange Autofahrten mit Vergnügen Bei langen Autofahrten fangen viele Kinder an, aus Langeweile zu quengeln und zu nerven. Dabei kann man mit einfachen Mitteln für Ablenkung sorgen und die Zeit deutlich verkürzen. Für lange Fahrten eignen sich längere Hörbücher besser als Kinderkassetten, die man als Erwachsener beim x-ten Mal nicht mehr hören kann. Hörbücher gibt es für fast jede Altersklasse und in beachtlicher Qualität. In öffentlichen Bibliotheken finden Sie meist eine gute Auswahl.

Ratespiele im Auto sind etwas für die ganze Familie, wobei sich der Fahrer oder die Fahrerin jederzeit ausklinken kann, wenn es die Verkehrssituation erfordert. Hier ein paar Vorschläge, die Sie beliebig abändern können:

- *Die Zahl Murks.* Zuerst wird gemeinsam die verbotene Zahl bestimmt, die nicht mehr genannt werden darf, dann wird rundum gezählt. Wenn beispielsweise die 5 verboten ist, darf man bei 5, 15, 25, 35 und so weiter nur »Murks« sagen. Für clevere Kinder, die das Einmaleins trainieren wollen, müssen auch alle Zahlen, die durch 5 teilbar sind, mit einem »Murks« markiert werden. Beim Beispiel mit der 5 wären das also auch die Zahlen 10, 20, 30 und so fort.
- *Beruferaten.* Jeder denkt sich einen Beruf aus und antwortet auf alle Fragen des Rate-Teams nur mit Ja oder Nein. Das Spiel ist immer wieder schön!
- *Kofferpacken.* Das ist noch ein Klassiker, der gut zum Verreisen passt und die Merkfähigkeit trainiert. Einer fängt an und sagt: »Ich packe meinen Koffer und lege eine Zahnbürste hinein.« Der Nächste packt weiter, indem er den Satz wiederholt und einen weiteren Gegenstand hinzufügt: »Ich packe meinen Koffer und lege eine Zahnbürste hinein und einen Sonnenschirm.« Das Spiel geht nun so lange wei-

ter, bis die Aufzählung zu abenteuerlich geworden ist und nichts mehr mit der ursprünglichen Liste zu tun hat.
- *Autofahnder*. Gesucht werden aufsteigende Schnapszahlen auf den Nummernschildern vorbeifahrender Wagen – also 11, 22, 33, 77, 444 und so weiter. Es gilt nur eine Zahl, die die vorhergehende übersteigt. Möglich ist auch, Wetten darauf abzuschließen, welche die höchste Schnapszahl sein wird. Wer ihr bis zu einem vereinbarten Zeitpunkt am nächsten kommt, hat gewonnen. Oder alle fahnden nach einer bestimmten Automarke (ein grüner Golf) oder sonst einem Merkmal (ein Auto, in dem nur Frauen sitzen; ein verbotenerweise telefonierender Fahrer und so fort). Hauptsache, es bleibt lustig!

Mit Kindern am Meer Ein simplify-Tipp für große Strände: Legen Sie sich möglichst jeden Tag an den gleichen Platz, denn kleine Kinder brauchen eine ganze Weile, bis sie sich an einem fremden Ort problemlos orientieren können. Damit Ihre Kinder im Strandgewirr rascher zurückfinden, befestigen

Sie ein buntes Handtuch am Sonnenschirm. Kleine Kinder lassen Sie am besten nie aus den Augen. Schreiben Sie Ihre Handynummer mit wasserfestem Stift auf die Strand-T-Shirts, Sonnenhüte oder Badeschuhe der Kinder. Falls sie sich doch einmal verlaufen, kann man Sie so schnell informieren.

Verzichten Sie nie auf hohen UV-Schutz, da späterer Hautkrebs durch die Sonnenbestrahlung in der Kindheit entsteht. Das Krebsrisiko ist heute für Kinder 20-mal höher als es noch für ihre Großeltern war. Cremen Sie die Kleinen schon morgens im Hotelzimmer ein, damit Sie auch die Partien schützen können, die von der Badebekleidung bedeckt werden. Bestehen Sie darauf, dass die Kleinen eine Sonnenbrille, einen Hut und ein T-Shirt tragen. Lernen Sie von den Einheimischen: In der Mittagshitze machen alle Siesta im Schatten.

Das wichtigste Strandspielzeug sind eine Schaufel und ein Eimer. Das sollte jedes Kind für sich alleine haben. Sieb und Förmchen können sich mehrere teilen. Spielintensiv ist meist auch ein kleines Plastikboot, das in selbst-

gebuddelten Seen und Kanälen schwimmen kann. Im Swimmingpool motiviert so ein Schiffchen die Kleinen, sich ins Wasser zu wagen. Erstaunlich hohen Spielspaß bringt im Planschbecken ein Puppengeschirr mit einer kleinen Kaffeekanne zum Gießen. Ein paar simple Playmobilfiguren (ohne Zusatzteilchen) können die Sandburg bevölkern und helfen im Restaurant, die Wartezeit aufs Essen zu verkürzen.

Essen und Trinken im Süden Sie und Ihre Kinder sollten so viel wie möglich trinken, aber im Zweifelsfall auf Leitungswasser und Eiswürfel verzichten. Nehmen Sie nur Getränke aus industriell verschlossenen Behältern (Dosen, Flaschen mit versiegelten Verschlüssen) zu sich, um sich vor Krankheitserregern zu schützen. Auch bei Obst lauern Gefahren. Am sichersten sind selbst geschältes Obst, frisch gekochtes Gemüse und völlig durchgebratenes Fleisch. Vorsicht ist bei Milchprodukten, offenem Speiseeis und rohem Fisch (Sushi, Austern)

120

geboten. Verzichten Sie in warmen Ländern wegen der lebensgefährlichen Salmonellen völlig auf rohes Fleisch (Aufschnitt, Tartar, Schinken), alle nicht unmittelbar frisch zubereiteten Hackfleischgerichte (Fleischbällchen vom kalten Büffet) und auf Speisen mit rohen Eiern (Tiramisu, Zabaione, mit Mayonnaise angemachter Kartoffelsalat).

Mit Kindern in den Bergen Lieblingsfehler bei allen Bergtouren sind Schuhe, die dem Knöchel keinen Halt geben, und zu dünne Kleidung. Weil im Gebirge die Temperatur mit zunehmender Höhe extrem schnell fallen kann, müssen Sie unbedingt genügend wärmende Kinderkleidung mitnehmen. Unterschätzen Sie auch die Höhensonne nicht und schützen Sie die Kinderhaut mit guten Sonnencremes vor UV-Strahlung.

Wählen Sie breite, gut gesicherte Wanderwege und meiden Sie risikoreiche Kletterpartien. Umkehren ist übrigens keine Schande! Lassen Sie die Kinder in sicherem, übersichtlichen Gelände bergauf vorangehen, damit sie im Blick bleiben und das Tempo der Gruppe bestimmen. Bergab übernimmt ein Erwachsener die Führung. So verhindern Sie das bei Kindern beliebte Berg-hinunter-Rennen, das Wirbelsäule und Gelenke sehr stark belastet und oft zu Stürzen führt.

Jedes größere Kind sollte in seinem kleinen Rucksack ausreichend Flüssigkeit dabei haben. Wandern verdoppelt den Flüssigkeitsverbrauch, rechnen Sie mit wenigstens einem Liter pro Person bei einem dreistündigen Ausflug. Zum Essen eignen sich Obst, Nüsse, Fruchtschnitten und Müsliriegel. Wandern mit vollem Bauch ist ungesund. Planen Sie deshalb erst nach der Tour eine richtige Mahlzeit ein und stärken Sie sich beim Einkehren in einer Berghütte zwischendurch nur mit einer kleineren Brotzeit. Außerdem nützlich sind: Regenschutz, Ersatzsocken, Taschenmesser, Taschenlampe und immer ein Handy. Das Gewicht des Rucksacks sollte je nach Konstitution des Kindes für 6- bis 8-Jährige maximal 3 Kilogramm betragen, für 9- bis 12-Jährige 5 und für 13- bis 16-Jährige 7 Kilogramm.

Wenn Kinder krank werden

Kranke Kinder bringen in jede Familie Stress. Gewohnte Abläufe funktionieren nicht mehr, die Eltern werden ungeduldig und besorgt, die Kinder jammern und nerven. Die Reaktionen der Eltern reichen dann von »Reiß dich zusammen! Sei nicht so wehleidig!« bis zu größter Besorgnis. Die simplify-Einsicht zu diesem Thema lautet: Sehen Sie Krankheiten als Chance.

Machen Sie sich und Ihren Kindern klar, dass Erkrankungen ein wichtiger Bestandteil der Entwicklung sind. In jeder Krise lernen Körper und Seele etwas Neues. Das gilt nicht nur für die klassischen Kinderkrankheiten, auch eine Erkältung oder eine Allergie formt die Persönlichkeit. Geben Sie Ihrem Kind die Gewissheit, dass es in Sicherheit ist und dass alles wieder gut wird. Rufen Sie beim Arzt an – bei harmloseren Krankheiten genügt manchmal bereits die telefonische Beratung. Damit Ihr Kind Bettruhe hält, dürfen Sie es ruhig etwas verwöhnen, damit es Krankheit und Genesung als eine positive Auszeit erlebt.

Bei größeren und länger anhaltenden Erkrankungen heißt der wesentliche simplify-Rat: Networking. Suchen Sie nach Helfern, Verbündeten, Leidensgenossen und Selbsthilfegruppen in Ihrer Nähe und im Internet. Immer wieder hören wir von Eltern, deren Kinder chronische Krankheiten haben, dass sie viel zu lange versucht haben, auf eigene Faust mit dem großen Problem fertig zu werden. Wenn Sie spüren, dass Ihr Kind ernsthaft erkrankt ist, Ihr Arzt Ihnen aber nicht glaubt, sollten Sie der amerikanischen Tradition folgen und unbedingt eine »second opinion« einholen, also die Meinung mindestens eines anderen Mediziners.

Regeln für die Patchwork-Familie

Eine Scheidung ist immer furchtbar, für die beiden Partner und ganz besonders für die Kinder. Aber nach dem Schmerz der Trennung können alle Beteiligten glücklich und zufrieden werden, wenn Sie die folgenden Grundregeln beherzigen.

Überfordern Sie Ihre Kinder nicht Bei manchen Scheidungen möchten die Partner dem Kind die Wahl überlassen, zu wem es geht. Damit wird es in eine schlimme Lage gebracht, denn entscheidet es sich für einen, ist der andere auf das Kind böse. Ein Kind hat ein Recht auf beide Eltern, wieder völlig unabhängig von deren moralischem »Wert«. Ein Kind, das sich zwischen Vater und Mutter entscheiden muss (das kann auch in problematischen, nicht geschiedenen Ehen passieren), wird als Erwachsener häufig zu einem verunsicherten und entscheidungsschwachen Menschen.

Reden Sie nicht schlecht über Ihren Ex-Partner Das ist einer der häufigsten Fehler von Alleinerziehenden und Wiederverheirateten mit Kindern: Sie sprechen – oft berechtigt und ohne böse Absicht – abfällig über den Elternteil des Kindes, der nicht mehr da ist. Ein Kind will im Innersten seiner Seele, dass seine Eltern sich lieben und schätzen, auch wenn das in der Realität unmöglich geworden ist. Und es möchte auch nach der Trennung beide Elternteile lieben dürfen. Ihr Kind besteht zu

50 % aus Mama und 50 % aus Papa. Macht die Mutter etwa den Vater schlecht, zieht das Kind unbewusst den Schluss: 50 % von mir taugen nichts. Das führt entweder dazu, dass sich Ihr Kind innerlich abwertet oder gar aufgibt. Oder es verbündet sich insgeheim mit dem abgewerteten Partner und ist dann auf den anderen Elternteil böse. Mäkeln Sie also nicht am Erziehungsstil Ihres Ex-Partners herum.

Am besten ist es, Sie reden nicht nur gut, sondern denken auch gut über Ihren geschiedenen Partner. Konzentrieren Sie sich auf seine positiven Aspekte. Sagen Sie sich und dem Kind: »Er ist ein wundervoller Mensch, deswegen habe ich ihn am Anfang auch so sehr geliebt, dass wir dich bekommen haben. Aber wir haben einfach nicht zusammengepasst.«

Fördern Sie den Kontakt der Kinder zu beiden Elternteilen Unterstützen Sie die Beziehung Ihres Ex-Partners zu Ihren Kindern. Halten Sie sich zuverlässig an die vereinbarten Termine, bei denen die Kinder ihren Vater/ihre Mutter sehen können. Sorgen Sie dafür, dass die Kinder rechtzeitig fertig sind – der andere Partner sieht die Kinder seltener, da ist jede Minute kostbar. Erlauben Sie Ihren Kindern großzügigen Telefonkontakt, schicken Sie Ihrem Ex-Partner Kinderfotos. Informieren Sie den geschiedenen Partner über Schulfragen, Ferienpläne, Berufswünsche. Unterstützen Sie Ihre Kinder auch darin, dass sie den Kontakt zu den »geschiedenen« Großeltern pflegen können.

Beachten Sie die Ordnung Die Kinder aus Ihrer ersten Ehe haben Vorrang vor Ihrem neuen Partner. Durch die Kinder ist der erste Partner ja immer noch präsent. Das muss der neue Partner akzeptieren, so sehr sie oder er es gerne ändern würde. Wenn der oder die Neue diese Realität jedoch anerkennt, kann der Weg frei werden zu einer glücklichen und gereiften Partnerschaft. »Vorrang« ist dabei kein Werturteil, sondern die zeitliche Rangstellung im Empfinden der Familienmitglieder. Wer länger im Familiensystem ist, hat Vorrang vor dem, der später kam. Selbst wenn ein Kind von seinem Vater geschlagen wurde und deswegen seinen Vater verachtet, bleibt es trotzdem sein Kind.

Benutzen Sie Ihr Kind nicht als Ersatz-Partner

Vertrauen Sie Ihren Kindern keinesfalls intime Details aus Ihrer Beziehung an. Stellen Sie sich nicht auf eine Ebene mit ihren Kindern (»Meine Tochter ist meine beste Freundin«). Ein gutes Verhältnis zwischen Elternteil und Kind bedeutet stets, dass es ein klares Verhältnis ist und keine Ebenen vermischt werden.

Vertrauen Sie der Einfachheit

»simplify your life« ist nicht nur eine Aufforderung, sondern auch ein Versprechen. Hinter all den vielen kleinen nervigen Details, Ärgernissen und Kompliziertheiten des Lebens steckt ein sehr einfacher Grundgedanke: Das Leben geht weiter. Das ist das Grundgesetz der Natur. Leben setzt sich durch.

Niemand kann sich dieser Tatsache so sicher sein wie Sie als Eltern eines Kindes. Selbst wenn Sie eines Tages nicht mehr auf dieser Erde sind, geht das Leben in Ihrem Kind oder Ihren Kindern weiter. Die meisten Menschen schauen ungern so weit voraus und schieben solche trüb wirkenden Gedanken von sich. Das ist schade, denn eigentlich ist es keine trübe, sondern eine ausgesprochen sonnige und Mut machende Aussicht. Vor allem deshalb, weil sie so einfach ist. Jedes Lebewesen, von den einfachsten Insekten bis zu uns hoch entwickelten Säugetieren, verlässt sich darauf. Jedes Lebewesen hat unter den vielfältigen Schichten von berechtigten und unberechtigten Ängsten diese Gewissheit. Wenn Sie manchmal Probleme haben, die herrlich einfache Selbstverständlichkeit des Lebens zu sehen, gibt es einen millionenfach bewährten Tipp: Lernen Sie diese Einfachheit von Ihren Kindern.

Horst Conen
**Sei gut zu dir,
wir brauchen dich**
Vom besseren Umgang
mit sich selbst

2011. 252 Seiten, gebunden
ISBN 978-3-593-39543-2

Hörbuch:
2011. 2 CDs, 111 Minuten
ISBN 978-3-593-39587-6

»Ein Plädoyer gegen Selbstausbeutung« *Stern*

Wir gehen oft schlecht mit uns um. Stress und Druck, hohe Ansprüche an uns selbst und mangelnde Work-Life-Balance fordern ihren Tribut: Menschen mit Burn-out sind längst keine Einzelfälle mehr. Horst Conen zeigt, wie Sie Stress und Belastungen besser bewältigen und neue Energie gewinnen, schädliche Verhaltensmuster auflösen und Selbstsabotage vermeiden, sich selbst wohlwollender behandeln und Ihre schlummernden Potenziale nutzen, um die persönlichen Ziele gelassener und lebensfroher zu erreichen.

**Mehr Informationen unter
www.campus.de**

Marion und
Werner Tiki Küstenmacher

simplify your life – Endlich mehr Zeit haben

Wer kennt das nicht? Man fühlt sich gehetzt und leidet unter dem Gefühl, keine Zeit zu haben. Oft ist nicht Zeitmangel die Ursache, sondern zu viele, zu große oder zu unwichtige Aufgaben, die zu bewältigen sind.

Werner Tiki Küstenmacher, Autor des Weltbestsellers *simplify your life,* und seine Frau Marion Küstenmacher zeigen, wie man mithilfe sofort umsetzbarer Maßnahmen wieder aktiv über die eigene Zeit bestimmen und das befreiende Gefühl kennenlernen kann, nicht Zeit, sondern Aufgaben zu sparen.

Knaur Taschenbuch Verlag

Marion und
Werner Tiki Küstenmacher

simplify your life – Küche, Keller, Kleiderschrank entspannt im Griff

»Das bisschen Haushalt …« kann leider ganz schön anstrengend sein, wenn in der Sockenschublade ein undurchdringbares Chaos herrscht oder sich in der Küche vor lauter Geschirrstapeln kein Platz mehr für die Einkäufe findet.

Marion Küstenmacher und Werner Tiki Küstenmacher, Autor des Weltbestsellers *simplify your life,* zeigen, wie man sich ein Zuhause schaffen kann, das nicht nervt, sondern das Herz erfreut – mithilfe vieler konkreter Tipps und der drei ganz einfachen Regeln der simplify-Hausordnung.

Knaur Taschenbuch Verlag

Werner Tiki Küstenmacher
mit Lothar J. Seiwert

simplify your life –
Einfacher und glücklicher leben

Das Leben meistern, die Fähigkeit besitzen, das volle Potenzial seines Lebens auszuschöpfen, glücklich und erfüllt sein: Wer will das nicht? Die beiden Erfolgsautoren geben erprobte Regeln für ein sinnvolles Leben an die Hand. Sinnvoll leben heißt, die eigenen Möglichkeiten optimal zu entwickeln und den Platz in der Gemeinschaft einzunehmen, an dem man sich selbst und die Gemeinschaft am besten weiterbringt. Einfach erlernbare Techniken, sofort umsetzbare Tipps und verblüffend neue Methoden: wie Sie den Stapel auf Ihrem Schreibtisch besiegen, wie Sie Ihr Leben entschleunigen, wie Sie fit und gesund bleiben, wie Sie Freunde gewinnen, wie Sie Partnerschaft und Beruf optimal verbinden, wie Sie zu Ihrem innersten Lebensziel finden.

»Dieses Buch räumt Ihr Leben auf.«
Stern

Knaur Taschenbuch Verlag

Vom Autorenpaar des Nr.-1-Bestsellers
»simplify your life!«

Marion und
Werner Tiki Küstenmacher

simplify your love! – Gemeinsam einfacher und glücklicher leben

Begleiten Sie die Küstenmachers auf ihrer Reise durch das Königreich der Liebe, und entdecken Sie, wie Sie mithilfe einer Fülle erprobter und praktischer Tipps gemeinsam einfacher und glücklicher leben können. In diesem sympathischen Wegweiser durch den Beziehungsalltag erfahren Sie, wie Sie den Partner fürs Leben finden, wie aus Verliebtheit tiefe Verbundenheit wird, wie Sie sich im Alltag als Paar bewähren, wie Sie gemeinsam Krisen überstehen, wie Sie Ihre Beziehung immer wieder neu erfinden.
Die erfolgreiche und bewährte »simplify-Methode« für mehr Glück und Harmonie in der Partnerschaft!

Knaur Taschenbuch Verlag